普通高等院校信息管理与信息系统专业系列教材

信息资源管理——技术与方法

魏 莱 主编

北京理工大学出版社
BEIJING INSTITUTE OF TECHNOLOGY PRESS

内 容 简 介

本书讨论了信息资源管理中的技术与方法，内容除绪论外，分为技术篇与系统篇。技术篇完整介绍了信息处理全流程所涉及的具体技术与方法，系统篇介绍了信息系统开发与建设过程中各类型信息资源管理的技术与方法。全书主线明确，讲解详细，不仅从技术角度重新组织、整理了信息资源管理应讲授的知识，也增加了一些关于常用信息处理技术的介绍，从而更加适应当今飞速发展的信息技术。本书适用于信息管理、管理学、经济学专业的本科高年级学生，也可供广大信息管理从业人员参考。

版权专有　侵权必究

图书在版编目（CIP）数据

信息资源管理：技术与方法 / 魏莱主编. --北京：
北京理工大学出版社，2022.6（2022.7 重印）
　　ISBN 978-7-5763-1411-3

　　Ⅰ. ①信… Ⅱ. ①魏… Ⅲ. ①信息管理 Ⅳ.
①G203

中国版本图书馆 CIP 数据核字（2022）第 106228 号

出版发行 / 北京理工大学出版社有限责任公司	
社　　址 / 北京市海淀区中关村南大街 5 号	
邮　　编 / 100081	
电　　话 /（010）68914775（总编室）	
（010）82562903（教材售后服务热线）	
（010）68944723（其他图书服务热线）	
网　　址 / http://www.bitpress.com.cn	
经　　销 / 全国各地新华书店	
印　　刷 / 涿州市新华印刷有限公司	
开　　本 / 787 毫米×1092 毫米　1/16	
印　　张 / 12	责任编辑 / 孟祥雪
字　　数 / 265 千字	文案编辑 / 孟祥雪
版　　次 / 2022 年 6 月第 1 版　2022 年 7 月第 2 次印刷	责任校对 / 刘亚男
定　　价 / 39.80 元	责任印制 / 李志强

图书出现印装质量问题，请拨打售后服务热线，本社负责调换

  人类已经进入了信息化时代，每个人时刻都能接收到大量、复杂的信息。掌握对海量信息的处理技术以及海量信息资源的管理方法，已成为每个人适应社会、提升自身价值的迫切需求。"信息资源管理"作为信息管理专业以及管理学专业的主干课程，理应承担起这方面知识介绍的重任。

  本书内容以信息处理技术与信息资源管理技术为主线进行组织，突出实用性与技术性，目的在于使读者不仅了解信息处理与信息资源管理的基本概念，也掌握具体的技术方法，能够学以致用。

  全书内容分成绪论、技术篇和系统篇。

  绪论为第 1 章，主要介绍数据、信息、知识的概念，特别是从信息论的角度介绍，如何去理解信息、如何去计算信息量，从而引出全书知识。

  技术篇包括第 2、3、4 章，详细介绍信息处理全过程中所涉及的相关技术，包括信息采集与整理、信息分析、信息检索与可视化各个方面。通过这一部分知识的介绍，读者应该能够了解和掌握基本的信息处理流程以及基本的信息处理技术。

  系统篇包括第 5~12 章，分别从信息系统概述，信息系统经济资源管理、计划管理、人力资源管理、质量管理、安全管理各个角度介绍信息系统开发与建设过程中可能运用到的方法、策略与工具。掌握这部分知识，能使读者具备对信息系统开发过程中各项资源的基本管理能力。

  本书可读性强，案例丰富，对知识的介绍也力求详细完整，使读者能知其然也知其所以然。但限于作者学识和经验，书中难免会出现不足和遗漏之处，恳请读者指正。相关评论和建议请发至 irmcomments@163.com，作者非常期待您的来信。

  本书的编写得到了很多老师的帮助，特别感谢于威威老师的鼓励，也感谢作者的研究生林智锌、刘士藤、陈正伟、徐斌超、段瑞凯、姚翔帮助整理资料，还要感谢北京理工大学出版社张翔老师、向小兰老师的支持，没有两位老师的帮助，不会有本书的面世。

编 者

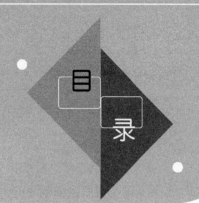

目录

第1章 绪论 (001)
  1.1 信息资源管理概述 (001)
  1.2 信息的概念 (003)
  1.3 信息熵的概念 (004)
  1.4 信息量的计算 (005)
  1.5 信息量的其他度量方法 (006)
  1.6 信息概念的扩展 (007)
  1.7 信息的其他特性 (009)
  1.8 知识 (010)

技术篇

第2章 信息采集与整理 (015)
  2.1 信息采集 (015)
  2.2 信息预处理 (019)

第3章 信息分析 (026)
  3.1 数据的统计分析 (026)
  3.2 数据的相关分析 (031)
  3.3 数据的回归分析 (035)
  3.4 数据的主成分分析 (038)
  3.5 数据的关联分析 (040)
  3.6 数据的决策分析 (043)
  3.7 数据的聚类分析 (055)

第4章 信息检索与数据可视化 (059)
  4.1 信息检索 (059)
  4.2 数据可视化 (069)

系统篇

第5章 控制论与系统论 ·· (083)
5.1 控制论 ··· (083)
5.2 系统论 ··· (085)
5.3 其他信息系统相关理论 ·· (086)

第6章 信息系统概述 ··· (088)
6.1 信息系统的概念 ·· (088)
6.2 信息系统的结构 ·· (089)
6.3 信息系统的类型 ·· (091)
6.4 信息系统的生命周期 ··· (093)

第7章 信息系统经济资源管理 ·· (101)
7.1 信息系统经济资源管理概念 ·· (101)
7.2 信息系统成本构成 ··· (102)
7.3 信息系统成本估算 ··· (103)
7.4 信息系统经济效益评价 ·· (109)

第8章 信息系统计划管理 ·· (113)
8.1 信息系统开发项目管理 ·· (113)
8.2 信息系统项目的任务分解及计划安排 ··· (116)
8.3 信息系统计划变更管理 ·· (129)

第9章 信息系统人力资源管理 ·· (134)
9.1 人力资源管理概念 ··· (134)
9.2 信息系统开发人力资源特点 ·· (135)
9.3 人力资源平衡计划 ··· (137)
9.4 信息系统开发团队 ··· (139)

第10章 信息系统质量管理 ··· (141)
10.1 质量管理 ··· (141)
10.2 全面质量管理的7种工具 ··· (144)
10.3 信息系统软件质量管理 ·· (156)

第11章 信息系统安全管理 ··· (165)
11.1 信息系统安全 ·· (165)
11.2 信息系统安全机制 ·· (166)
11.3 可信计算机等级评估 ··· (169)

第12章 网站信息系统资源管理 ··· (173)
12.1 网站的基本概念及分类 ·· (173)
12.2 网站项目管理 ·· (177)

参考文献 ·· (184)

第 1 章 绪 论

"信息资源管理"是一门综合性很强的课程,涵盖了计算机及信息管理专业本科学生在大学阶段要学习的很多内容。但是由于"信息资源管理"这门课程的历史渊源,课程内容相对比较抽象,所以为了增强课程内容的实用性、趣味性以及适应信息管理技术的发展,本书中适当加入了数据挖掘、大数据分析、机器学习等方面的相关知识。这导致在一定程度上课程内容可能会略显驳杂,但本书仍然会以两条主线——信息处理技术以及信息资源管理技术来介绍信息资源管理的各方面知识。

1.1 信息资源管理概述

为什么要学习"信息资源管理"这门课程呢?首先,信息资源管理是一门应用学科,所有的应用学科都会有其相应的应用需求。信息资源管理的应用需求主要体现在两个方面:信息量的增加和信息复杂性的增大,如图1.1所示。

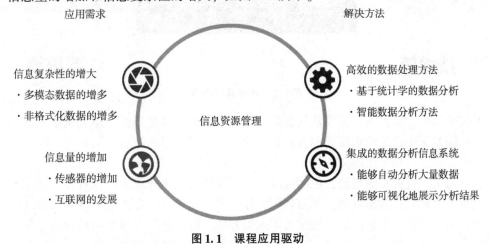

图 1.1 课程应用驱动

信息量的增加,对所有人来说,都有切身的体会。随着信息技术、互联网技术,特别是移动互联网技术的发展,每个人每时每刻都能接收到大量的信息,各种资料、画面排山倒海般涌现。此外,现实生活中各式各样的传感器也大量出现,如交通探测设备、人脸或指纹考勤设备、手机的摄像头等,这些传感器也一直在进行数据采集。因此,人们接触的信息量变得无比庞大。有统计表明,当今社会可用的信息平均每四年就会增加一倍。今天的一份《纽约时代》上的信息比17世纪一个普通英国人一生所能接收到的信息还要多。

信息量的增加导致了信息复杂性的增大。在信息技术还没有非常普及的年代,人们接触到的都是一些形式比较简单的信息,如数字、字符、表格等,这些信息具有统一的形式,内容也并不复杂。而现在人们所接收到的信息多种多样,如音频、视频、网页文本,这些信息内容丰富、形式多样,很难用统一的格式去表示或存储。

一方面,为了处理和分析这些海量的、复杂的信息,需要高效的数据处理方法,包括统计学、运筹学以及智能数据处理方法。只有综合利用这些方法,才能有效地进行信息的处理分析。另一方面,专业的信息技术处理方法对于缺乏数据处理基本知识、不了解数据处理方法的人来说,使用起来有一定的困难。而各行各业都有大量的信息处理需求,不能要求所有行业的人都具备深厚的数据处理技能。因此,将这些高效的数据处理方法融合成一个简单易用的信息系统,从而能够自动分析大量的数据,并且可视化地展示分析结果,是一个现实需求。

对应上述两个需求,信息资源管理的课程内容主要包括两个部分:信息处理技术,以及在将这些信息处理技术融合成一个信息系统过程中(在开发和建造一个信息系统过程当中)所出现的一些信息资源的管理方法,如图1.2所示。这也是本书内容的技术篇和系统篇。

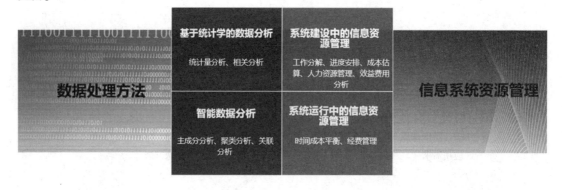

图1.2 课程具体内容

在技术篇中,课程内容主要从信息采集、信息整理、信息分析、信息检索、信息可视化方面介绍基于统计学的信息处理方法和一些基于机器学习的智能信息处理分析方法。

其中,信息采集主要研究如何从信息源处获取数据;信息整理主要是讨论信息采集完毕后,如何来进行初步的整理,包括标准化、填补缺失值和处理不一致数据;信息分析指的是当有了整理好的数据以后,如何利用统计学、机器学习的方法来对这些信息进行进一步处理;信息检索主要介绍信息检索的四大类方法,以及这些检索结果评价的指标;信息可视化主要是讨论如何用可视化的方法来表示前面所处理过的那些信息。

系统篇的具体内容主要包括两个部分:系统开发信息资源管理以及系统运行信息资源管理。

在系统开发信息资源管理部分,主要讲解系统开发过程中,信息系统涉及的相关信息资源是如何组织、管理的,涉及方法主要包括成本估算方法、计划安排方法和效益费用分析方法等。在系统运行信息资源管理部分，主要分析系统运行过程中，信息资源是如何管理、利用的，具体方法主要包括进度计划变更方法、成本变更方法以及系统安全管理方法等。

1.2 信息的概念

本书的第一部分内容，从 3 个概念说起，即数据、信息和知识。

这 3 个概念对同学们来说并不陌生，在很多课程中都对它们有所描述。常见的描述如下：数据是一些记录的集合；信息是有用的数据，通常从数据中经过分析得到；而知识是从信息中发现的有用的信息。

很明显这样的描述非常笼统。在"信息资源管理"课程的范畴内，可以从一个更加精准的角度来分析区别这 3 个概念。

可以用以下语句来说明数据、信息、知识这 3 个概念的区别。

示例 1.1

数据、信息、知识概念的区别。
- 5 ℃；
- 今天的气温 5 ℃；
- 5 ℃以下的气温属于低温。

请问 3 条语句中，哪一条表示数据，哪一条表示信息，哪一条表示知识？

分析：可以发现，"5 ℃"是数据，当它脱离了具体语境的时候没有意义，只是一种客观的描述。

"今天的气温 5 ℃"是一条信息。这句话的作用是确定了今天的气温，换句话说，这条信息消除了今天温度的不确定性。

"5 ℃以下的气温属于低温"是一个知识。因为知识通常描述的是一种规律，而规律可以帮助人们进行判断。例如，明天如果气温是 4 ℃，那么根据上述知识，明天气温就属于低温，而后天气温如果是 10 ℃，那么后天气温就不属于低温。

综上，数据是某种客观的描述，必须在特定的语境下才具有意义。信息的作用是可以用来确定某些事情，或者说消除某些事情的不确定性。而知识可以对未知的事情进行判断。

"信息资源管理"课程中最关心的概念是信息。因此，把示例 1.1 中信息这个概念拿出来单独讨论。"今天的气温 5 ℃"，这一信息确定了今天的气温，也可以说它消除了对今天气温的不确定性。那么离开这个例子，信息的概念是否可以推而广之？实际上，信息论的创建者香农博士（见图 1.3）对信息的定义是：信息就是用来消除某种不确定性的东西。

图 1.3　克劳德·艾尔伍德·香农（Claude Elwood Shannon，1916 年 4 月 30 日—2001 年 2 月 24 日）

1.3　信息熵的概念

信息论是建立在信息概念的基础之上的。作为现代科学基础之一的信息论，如果仅依靠这样一个泛泛而谈的定义很显然是不够的。那么怎样才能让信息的概念在信息论中更加丰富，使其能够支撑起整个信息论呢？就必须要借助数学工具来解释信息的概念。当一个概念能够使用数学方法来描述，那么就有了足够坚实的基础。

从香农对信息的定义中可以看出，信息的概念和不确定性这个概念紧密相关。因此要理解信息，就必须理解这个概念的不确定性。

示例 1.1 中，"今天的气温 5 ℃"，这条信息消除了今天气温的不确定性。那为什么今天气温会有不确定性？实际上很简单，因为气温可能会出现多个不同的值，即多个不同的状态。明天的气温可能是 5 ℃，也可能是 10 ℃，还有可能是 15 ℃。因此，事件的不确定性，实际上是由事件可能出现的多个状态引起的。既然信息是用来消除不确定性的，那么如果不确定性能够度量，用不确定性被消除的多少可以来度量信息。

通过上面的解释可知，要完全理解信息，需要定义不确定性以及不确定性的度量。在信息论当中，不确定性是用信息熵来度量的。计算信息熵，涉及两个集合，一个称为状态集合，另一个称为概率集合。

状态集合是由事件可能出现的状态组成的集合，用 X 表示，即 $X = \{x_1, x_2, \cdots, x_n\}$，其中 $x_1, x_2, \cdots, x_n$ 代表事物可能出现的状态。

概率集合是由事件出现每种状态相对应的概率组成的集合，用 P 表示，即 $P = \{p_1, p_2, \cdots, p_n\}$，其中 $p_1, p_2, \cdots, p_n$ 分别代表 $x_1, x_2, \cdots, x_n$ 这些状态出现的概率。

信息熵 $H(X)$ 的计算公式为

$$H(X) = -\sum_{i=1}^{n} p(x_i) \log p(x_i) \tag{1.1}$$

式中，对数的底数通常是 2，从而计算得到信息熵的单位是比特（bit）（注意信息熵一定是有单位的）。如果式（1.1）中对数不是以 2 为底，而是以 10 为底，那么得到的信息熵的单位是哈莱特（hart）；如果 1 以 e 为底，则计算得到的信息熵的单位是奈特（nat）。

那为什么信息熵的计算公式会是这样一种形式？

实际上香农指出，一个合理的信息熵的计算方法，必须满足以下 3 条性质。

1）单调性，即事件出现某个状态的概率越大，其信息熵就越小。极端的情况如"太阳升起的位置"，这个事件出现的状态只可能为"东方"，相应概率为 1，因此，这个事件的信息熵为 0。

2）非负性，即信息熵不能为负。信息熵是度量不确定性的，而事件没有不确定性，其信息熵为 0；否则，必定大于 0。负的信息熵没有物理意义。

3）累加性，即多随机事件同时发生的总不确定性的量度，可以表示为各事件不确定性量度之和。

香农从数学上，严格证明了满足上述 3 个条件的随机变量不确定性度量函数具有唯一形式，即

$$H(X) = -C \sum_{i=1}^{n} p(x_i) \log p(x_i) \qquad (1.2)$$

式中，C 为常数，可以将其归一化为 1，从而得到了信息熵公式。

1.4 信息量的计算

通过信息熵来计算事件不确定性大小后，根据信息的定义，就可以度量信息。信息量用字母 I 来表示，指信息多少的量度，其计算公式为

$$I = H_0(X) - H_1(\widetilde{X}) \qquad (1.3)$$

式中，X 代表事件在没有接收信息之前的状态集合；$H_0(X)$ 代表在这种状态集合及相应的概率集合下，计算得到的信息熵；$\widetilde{X}$ 代表事件接收信息以后的状态集合；$H_1(\widetilde{X})$ 代表接收信息以后事件的不确定性程度。很显然，$H_0(X)$ 应该大于 $H_1(\widetilde{X})$，即事件接收信息以后的不确定性程度，不会比接收信息之前的不确定性程度大。因为如果 $H_0(X) < H_1(\widetilde{X})$，则代表得知了某个信息后，却增加了不确定性，这显然是不合理的。

接下来，通过一个简单的例子来详细说明如何正确地计算信息的信息量。

示例 1.2

两个人玩"掷骰子，猜点数"的游戏。其中的一个人掷下骰子，然后看了一眼迅速用手合上，问对方，你猜这次骰子的点数是多少？对方说："你能不能给点提示"，掷骰子的人就说："可以，那我给你一些提示。"这个提示，其实就是关于骰子点数的信息，下面 4 条提示它们的信息的信息量分别是多少？

- 骰子的点数是偶数。
- 骰子的点数不是 2。
- 骰子的点数是 1，2，3，4，5，6 中任意一个。
- 骰子的点数是 4。

分析：第 1 条信息的信息量计算。根据式（1.3），信息量等于事物或事件在接收信息之前的不确定性程度减去在接收信息以后的不确定性程度。因此，先计算在得到掷骰子的人的提示之前，在猜点数的人看来骰子点数的不确定程度。根据信息熵计算公式，很显然，这时候骰子点数可能出现的状态（点数）应该是 1，2，3，4，5，6，即每种状态都有可能出现，而且每种状态出现的概率都应该是均等的，即 1/6。于是，可以计算在这个时候骰子点数的信息熵为

$$H_0(X) = -\left(\frac{1}{6}\log_2\frac{1}{6} + \frac{1}{6}\log_2\frac{1}{6} + \cdots + \frac{1}{6}\log_2\frac{1}{6}\right) = \log_2 6 \text{ bit}$$

得到提示以后，确定骰子点数是偶数，于是点数的状态就只有 2，4，6 这 3 种可能状态，而且相应的概率都是 1/3，这时候信息熵为

$$H_1(\widetilde{X}) = -\left(\frac{1}{3}\log_2\frac{1}{3} + \frac{1}{3}\log_2\frac{1}{3} + \frac{1}{3}\log_2\frac{1}{3}\right) = \log_2 3 \text{ bit}$$

那么这条信息的信息量为

$$I = H_0(X) - H_1(\widetilde{X}) = \log_2 6 - \log_2 3 = 1 \text{ bit}$$

这个值看起来背后似乎有深刻的含义。仔细看这条信息，"骰子的点数是偶数"，实际上消除了骰子点数可能出现的一半状态，即骰子的点数是奇数的状态。事实上，如果一条信息能够消除事件可能出现的状态的一半，那么这条信息的信息量就一定是 1 bit。

再来看第 3 条信息，即"骰子的点数是 1，2，3，4，5，6 中任意一个"的信息量。这个时候是否需要再像前面一样分别去计算得到以及未得到信息时两种情况下骰子点数的信息熵，然后再计算信息的信息量呢？实际上并没有必要。可以分析，这条信息并没有消除骰子点数的任何不确定性，由此可以判断这条信息的信息量应该是 0。

最后一条信息，即"骰子的点数是 4"的信息量。可以看到，这条信息直接确定了骰子的点数，即完全消除骰子点数的不确定性。于是可以判断这条信息的信息量应该是最大的，它的值应该等于在未获得任何信息之前骰子点数的不确定性程度，即计算得到的信息熵值。

思考：有同学对第 1 条信息的信息量的计算产生了疑问，他认为骰子的点数是偶数，而偶数和奇数各自出现的概率都应该是 1/2，那么因此在得到第 1 条信息以后骰子点数的信息熵应该为

$$H_1(\widetilde{X}) = -\left(\frac{1}{2}\log_2\frac{1}{2} \times 3\right) = \frac{3}{2}\log_2 2 = \frac{3}{2} \text{ bit}$$

这个计算方式是否正确？

1.5 信息量的其他度量方法

除了从信息论的角度可以度量信息，信息还可以用存储在计算机中所占存储单元的多少来度量其大小。

在计算机内部，信息都是以二进制数的形式存储。二进制数中的一位是计算机存储的最小单位，称为一个比特（注意与信息熵以及信息量单位的区别）。一个二进制位只能表示 0 或 1 两种状态，如果要表示更多的信息，则要把多个位组合成一个整体，一般以 8 位

二进制数组成一个基本单位,称为字节(Byte)。因此 1 B = 8 bit。一般情况下,一个 ASCⅡ 码①占用一个字节,一个汉字国际码占用两个字节。

在计算机中,不同大小的信息会占用不同长度的字节。常用的字节数量有 KB,MB,GB,TB,PB,EB,ZB,YB,BB 等。它们之间的关系如下:

1 KB(Kilobyte,千字节)= 1 024 B,其中 1 024 = 2^{10};

1 MB(Megabyte,兆字节)= 1 024 KB;

1 GB(Gigabyte,吉字节)= 1 024 MB;

1 TB(Terabyte,太字节)= 1 024 GB;

1 PB(Petabyte,拍字节)= 1 024 TB;

1 EB(Exabyte,艾字节)= 1 024 PB;

1 ZB(Zettabyte,泽字节)= 1 024 EB;

1 YB(Yottabyte,尧字节)= 1 024 ZB;

1 BB(Brontobyte,千亿亿亿字节)= 1 024 YB。

在人们日常生活中,接触最多的单位应该是 KB,MB,GB,TB。常用的个人计算机硬盘存储容量,通常为 GB 或 TB 级,这已经是非常大的存储容量级别了。但正如前文所述,随着信息量急剧增加,有人统计仅 2007 年一年,人类存储的信息就超过 300 EB,而 2013 年,世界存储的信息达到了 1.2 ZB。

1.6 信息概念的扩展

信息熵和信息量的背后还有更深刻的物理意义。

1.6.1 信息熵及信息量的意义

再来看一个例子。

示例1.3

现在假设有 8 支球队要参加比赛,每一支球队都有可能获得冠军。比赛后,你并不知道结果,那么请问最少要猜几次才能猜中哪支球队是冠军?

如何来解决示例中的问题?同学们应该很容易想到,可以采用折半查找(也称二分查找)的方式来最终确定冠军球队。采用折半查找的原因是,折半查找是所有查找算法中时间复杂度最低的(消耗时间最少的)查找算法。其查找方法可以描述如下:询问一个知道比赛结果的人,冠军球队是在第 1~4 支队伍当中吗?如果他说是,就可以知道冠军球队肯定是在这 4 支队伍当中,否则就应该是在第 5~8 支球队中。然后,可以再进行一次猜测,即假设现在冠军球队是在第 5~8 支球队之中,可以继续询问冠军球队是在第 7~8 支球队之间吗?以此类推,可以想到,只需要 3 次猜测就可以最终确定哪支球队是冠军球

---

① ASC Ⅱ(American Standard Code for Information Interchange):美国信息交换标准代码,是基于拉丁字母的一套电脑编码系统,主要用于显示现代英语和其他西欧语言。

队。这是第 1 种解法。

此外，还可以从信息熵以及信息量的角度给出第 2 种解法，即消除冠军球队的不确定性。初始情况下，冠军球队可能是 1~8 支球队当中的任何一支球队，因此初始情况下冠军球队状态集合：$X = \{1, 2, \cdots, 8\}$。而每个球＝每支球队获胜的概率都相等，那么概率集合 $P = \{1/8, 1/8, \cdots, 1/8\}$。因此，可以计算初始情况下的信息熵 $H_0(X) = 3$ bit。一旦冠军球队确定了，那么谁是冠军球队这个问题（事件）就没有任何的不确定性。也就是说，完全消除了冠军球队状态的不确定性。因此，确定冠军球队这条信息的信息量应该就是 3 bit。

可以看到，折半查找中的 3 次猜测对应了 3 bit 的信息量。这是因为，前文提到过 1 bit 信息为消除事件一半状态的不确定性所需要获得的信息量。而在折半查找中，每一次猜测，其实都消除了当前情况下事件的一半状态的不确定性。

1.6.2 语言的信息熵

语言的信息熵从何而来？有一个很著名的笑话，如果有一只猴子，它身边还有一台电脑，让这个猴子在这台电脑上随意敲字，只要时间足够长，猴子就能在电脑上打出一部《哈姆雷特》。

这个笑话似乎是无稽之谈，但背后实际上是有一定的道理的。将一篇文章拆分来看，其是由一个一个单词（或字）组成的，而单词（或字）的个数是有限多个，如常用汉字为 6 737 个[①]。从这个角度来看，一篇文章可以看作不同的单词（或字）在特定位置上的组合。而一部哈姆雷特就是不同的单词，以一种极小的概率正好出现在相应的位置上。猴子要打出一部《哈姆雷特》，也就是恰好让这些单词以《哈姆雷特》的方式组织起来，这当然是一个非常小概率的事情，但如果把时间尺度放大到足够大，极小概率的事情仍然是可能出现的。

按照这样一种理解，就可以来计算每种语言的信息熵了。假设现在以不同的语言来写同一篇文章，实际上就相当于在不同的语言当中，挑选一些不同的单词（或字）组合来组成一篇文章，于是就可以来粗略计算每种语言的信息熵。常用拉丁语系语言的信息熵：英文，4.03 bit；法文，3.98 bit；西班牙文，4.01 bit；德文，4.10 bit；俄文，4.8 bit。而中文的信息熵从字的角度计算，达到了 9.63 bit。所以，中文是非常难掌握的一门语言。

> **小知识**
>
> 中文难学是外国人特别是西方人的共识，甚至为了描述中文的难学，在人工智能研究的早期，西方学者还提出了"中文屋"实验。"中文屋"最早由美国哲学家 John Searle 于 20 世纪 80 年代初提出。这个实验要求想象一位只说英语的人身处一个房间之中，这间房间除了门上有一个小窗口以外，全部都是封闭的。他随身带着一本写有中文翻译程序的书。房间里还有足够的稿纸、铅笔和橱柜。写着中文的纸片通过小窗口被送入房间。房间中的人可以使用他的书来翻译这些文字并用中文回复，虽然他完全不会中文。Searle 认为通过这个过程，房间里的人可以让任何房间外的人以为他会说流利的中文。

---

① GB/T 2312—1980 标准共收录 6 763 个汉字，其中一级汉字 3 755 个，二级汉字 3 008 个。

"中文屋"实验当时是用来反驳电脑和其他人工智能能够真正思考的观点。但通过这个数据对比,同学们可以提升自信,既然能掌握复杂的中文,那掌握一门不太复杂的西方语言(如英语),也不会是太难的事情。

1.7 信息的其他特性

除了理解信息的度量方法以外,信息的一些重要特性也需要掌握。信息的重要特性包括如下5个。

(1)介质依附性

信息不能独立存在,必须依附一种或多种载体才能表现出来。同一条信息可以依附于不同的载体。

(2)可处理性

信息可以为人们所接收,并按照某种需要进行处理和存储。

(3)传递性

信息可以通过不同的载体进行传递,并在传递过程中实现增值和共享。信息传递可以打破时间和空间的限制,如甲骨文上记录的内容。

(4)共享性

信息作为一种资源,通过交流可以在不同的个体或者群体间共享。信息可被多个信息接收者接收且多次使用。信息共享一般不会造成信息的丢失,也不会改变信息的内容。

(5)价值相对性

同一条信息只能满足某些群体某方面的需要,也就是说,有些信息对某些人有用、对某些人没用,其价值是相对的。

信息的介质依附性及可处理性、传递性、共享性相对容易理解。但对于信息价值的相对性需要进行一定解释。

信息价值相对性可以用以下3个含义描述。

第一,信息是否有价值。首先,信息的价值是在传递过程当中产生的,信息是否有价值,最终要由信息的使用者来回答。如果这条信息对使用者来说是有价值的,那么它就是有价值的;如果对使用者来说是没有价值的,那它就没有价值。

第二,信息价值和信息量没有关系。一条信息的价值越高不代表它的信息量越大,一条信息的信息量越大也并不代表它的价值就越高。

第三,信息价值的大小。同样的信息对不同人的价值大小不同。信息的价值等同于获得该条信息所需要付出的成本。这里的成本,是一个很宽泛的概念,可以是时间,也可以是金钱,还可能是其他东西。举一个例子,如果我想知道明天的天气状况,那么这时候有一个人告诉了我明天的天气状况,那么他告诉我天气状况这条信息的价值就等于我通过某种方式查到明天天气状况所需要付出的成本。

1.8 知 识

1.8.1 知识的概念

在清楚了解信息的概念后,再来介绍一下知识的概念。知识与信息的概念紧密相关,事实上,知识没有一个统一而明确的定义。从比较抽象的角度来说,知识是人类在改造世界的实践中所获得的认识和经验的总结。最早的也是最经典的关于知识的定义来源于柏拉图。柏拉图(见图 1.4)在《泰阿泰德篇》中说,知识是"被证实的、真的和被相信的陈述",这也称知识的 JTB(Justified True Belief)条件。

图 1.4 柏拉图(Plato,公元前 427—公元前 347 年)

在专门研究知识的人工智能学科中,知识被定义为有关信息关联在一起所形成的信息结构,并且根据知识表现的形式,将知识分成规则型知识和事实型知识。

规则型知识,通常以"如果……,那么……"的形式描述一条知识。例如,示例 1.1 中提到的"5 ℃以下的气温属于低温"这条知识,可以表述成"如果气温低于 5 ℃,那么气温属于低温"。

事实型知识,则是对客观世界事物的真实描述。例如,"雪是白色的""地球是球形的"。

1.8.2 知识的性质

知识也具有相应的性质,主要表现在以下 3 个方面。

(1) 知识的相对正确性

任何知识都是在一定的条件及环境下产生的,在这种条件及环境下才是正确的。例如,在十进制数运算中,$1+1=2_{(10)}$,而在二进制数运算中 $1+1=10_{(2)}$。

(2) 知识的不确定性

知识的不确定性是由知识的随机性、模糊性、未确知性 3 个方面决定的。随机性是指随机现象的不确定性,如设备故障征兆和故障原因之间往往具有随机性。模糊性是指由知识的外延①不清晰，引起一种不确定性，如"振动强烈""故障严重"等概念。未确知性是指由于信息的不完全而导致的一种不确定性。例如，故障诊断中，由于受现场条件、测试手段等因素的限制，很多用于确诊故障所需的信息无法获取。

（3）知识的可表示性和可利用性

知识可以用适当形式表示出来，如用语言、文字、图形、神经网络，并被人们利用。

本章小结

本章从数据、信息、知识3个概念谈起，举例分析了数据、信息、知识3个概念之间的区别和联系。然后，引出了信息在信息论当中的定义，并介绍了信息熵以及信息量的计算方法。通过一个简单的例子，说明信息熵和信息量的计算方法。接着举例说明了信息熵和信息量的应用以及背后的物理意义，最后谈论了信息的其他特性，特别是信息的价值。

习题

1. 天气预报说下周有雨，但具体不能确定是哪天，请问：下周下雨的不确定性程度是多少？如果天气预报更新为下周三后才会有雨，但具体哪天仍不能确定，请问：相比前一条天气预报，这条天气预报的信息量是多少（一周以7天记，周一为一周的第一天）？

2. 信息价值的特性是什么？

3. 信息价值的计算方法是什么？

---

① 知识的外延指的是知识包含的概念所对应的实体。

技 术 篇

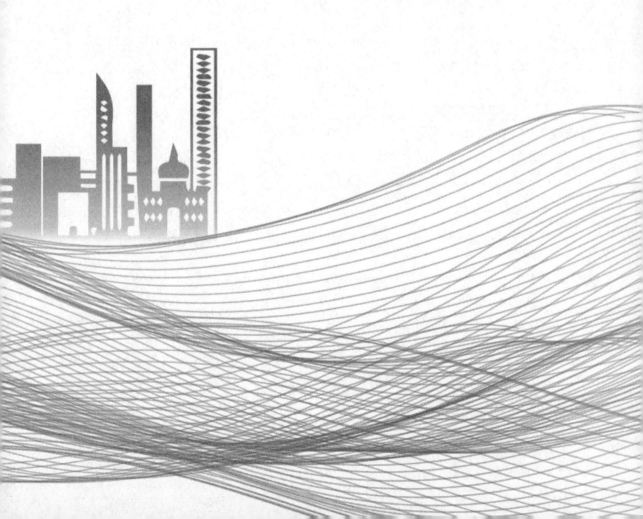

第 2 章 信息采集与整理

2.1 信息采集

从本章开始，本书将介绍信息处理流程的各个步骤所涉及的一些技术与方法。首先，讨论信息处理的第一个步骤：信息采集。信息采集（Information Acquisition）也称信息收集，是指通过各种方式获取所需要的信息。信息采集工作的好坏，直接关系到整个信息处理工作的质量。

2.1.1 信息源

根据信息的特性（介质依赖性），信息传播和存储都需要介质。实际上，一切产生、生产、存储、加工、传播数据（信息）的事物，都称为信息源。对于信息源这个概念，有以下两个重要特性需要理解。

1）信息源的形式可以是多种多样的，如个人、实物、文献、数据库以及组织机构，都可以提供信息，因此都可以视为信息源。

2）每一种不同形式的信息源所产生的信息具有不同的特点。不同信息源产生的信息，会具有相应信息源的特点。例如，由个人提供的信息，根据提供人的特点，具有即时性、新颖性、强化感知性、主观随意性、瞬时性等特点。而由文献提供的信息，通常具有系统性、稳定性、易用性、可控性等特点。图 2.1 对不同类型信息源提供的信息的特点进行了总结。

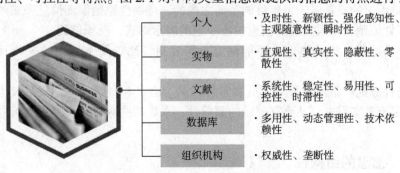

图 2.1 各类型信息源及其产生信息的特点

2.1.2 信息采集的方法与原则

1. 信息采集的方法

信息采集有各种各样的方法，根据信息源的不同应该采用不同的方法。随着信息技术的发展，以往的一些信息采集方法逐渐被淘汰，目前主流的信息采集方法，可以分为以下3种。

1）观察法。观察法是信息收集人员亲自到活动现场或借助一定的设备对信息收集对象的活动进行观察并如实记录的收集方法。观察法的应用场景非常丰富，在经济活动中，通常包括消费环境的观察、商品的使用情况观察以及消费者需求和购买习惯观察等。例如，消费者需求和购买习惯观察已成为调查机构提供的一种特殊服务。调查人员装扮成顾客或工作人员，跟踪和记录顾客的购买过程，在货架前的停留时间，顾客的性别、年龄、服饰，购买商品的顺序，行进的路线等。通过观察和分析有助于企业改进服务，如确定商品最佳的摆放位置、了解某种商品的购买者的特征、消费者的关注重点等。

2）调查法。调查法是指通过与信息收集对象进行直接交流来获取信息的方法。调查法是使用较为普遍的一种信息采集方法。该方法主要用于了解观念性或概念性的信息。根据交流方式的不同，调查法可以分为访谈调查和问卷调查两大类。访谈调查是通过信息收集人员与调查对象进行口头交流来获取信息。问卷调查是通过让被调查者填写问卷的方式来收集信息。

3）实验法。实验法是指将所选主题的刺激因素引入被控制的环境中，通过系统改变刺激程度来测定实验对象的行为反应，从而确定所选主题与刺激因素的因果关系的信息采集方法。

除了以上3种方法以外，还包括文献检索以及网络信息搜集等方法。

2. 信息采集的原则

不论采用什么样的信息采集方法，在采集信息时，始终应该遵循以下七大原则。

1）可靠性原则：指采集的信息必须是真实对象或环境所产生的，必须保证信息来源是可靠的，使采集的信息能反映真实的状况。可靠性原则是信息采集的基础。

2）完整性原则：指采集的信息在内容上必须完整无缺。信息采集必须按照一定的标准要求，采集反映事物全貌的信息。完整性原则是信息利用的基础。

3）实时性原则：指能及时获取所需的信息。实时性原则可以保证信息采集的时效。

4）准确性原则：指采集到的信息与应用目标和工作需求的关联程度比较高，采集到信息的表达是无误的，是属于采集目的范畴之内的。准确性原则保证信息采集的价值。

5）易用性原则：指采集到的信息按照一定的表示形式，便于使用。

6）计划性原则：指采集信息不能随意，需要制订比较周密详细的采集计划和规章制度。

7）预见性原则：指信息采集人员要掌握社会、经济和科学技术的发展动态，采集的信息既要着眼于现实需求，又要有一定的超前性，采集那些对将来发展有指导作用的预测性信息。

2.1.3 信息的结构性

从信息源处采集到信息后，对信息进行直接的观察。通过观察首先可以发现，信息具有不同的结构特点。根据信息结构性的强弱，可以将信息分成结构化信息、半结构化信息以及非结构化信息，如图 2.2 所示。

1）结构化信息是高度组织的、具有整齐格式的信息，是可以放入表格和电子表格中的信息类型。同学们的学生记录、考试成绩以及图书馆借阅的图书信息，都是结构化信息。这些结构化信息，组织成二维表格后，存放在关系型数据库中，能够很容易被计算机查找、读取。

2）半结构化信息具有一定结构，但语义不够确定。半结构化信息通常并不符合关系型数据库或其他数据表的形式，但包含相关标记，用来分隔语义元素以及对记录和字段进行分层，如 JSON（JavaScript Object Notation）数据，文件类型定义 DTD（Document Type Definition）就是半结构化信息。半结构化信息常常用来规范或者说明其他信息或数据，因此常常被称为元数据。

3）非结构化信息指没有一个预先定义好的数据模型或者没有以一个预先定义的方式组织起来的信息。非结构化信息可能包括文档、书籍、图像、音频、视频、文件、电子邮件消息、网页等。

图 2.2　信息结构的类型

2.1.4　结构化信息

当今社会信息爆炸，人们迫切需要快速处理信息，而结构化信息能够以预先定义的方式组成二维信息表存放在关系型数据库中，容易被计算机处理，以实现高效的信息查询和获取。很多非结构化以及半结构化信息，通常也需要转换成结构化信息后，才能被组织和存储起来。因此，需要着重讨论结构化信息。

1. 属性

要认识结构化数据，首先需要理解一个概念，即属性。表 2.1 是一张二维信息表，包含 14 条记录（有时也称 14 个对象），每一条记录（对象）存放为表格的一行。可以看到每个对象包含 6 个部分：Day，Outlook，Temperature，Humidity，Wind，Play Tennis，可以用一个六元组（Day，Outlook，Temperature，Humidity，Wind，Play Tennis）表示。其中每一部分称为对象的一个属性。因此，属性表示对象某个方面的特征。例如，一条学生记录（一个学生对象）中，学生年龄就是学生对象的一个属性。

在二维信息表中，属性也被称为字段。对象在不同属性上的取值，称为属性值。因此在表 2.1 中，第一条记录 Day 属性的取值为"Day1"，Outlook 属性的取值为"Sunny"。

表 2.1 二维信息表

Day	Outlook	Temperature	Humidity	Wind	Play Tennis
Day1	Sunny	Hot	High	Weak	No
Day2	Sunny	Hot	High	Strong	No
Day3	Overcast	Hot	High	Weak	Yes
Day4	Rain	Mild	High	Weak	Yes
Day5	Rain	Cool	Normal	Weak	Yes
Day6	Rain	Cool	Normal	Strong	No
Day7	Overcast	Cool	Normal	Strong	Yes
Day8	Sunny	Mild	High	Weak	No
Day9	Sunny	Cool	Normal	Weak	Yes
Day10	Rain	Mild	Normal	Weak	Yes
Day11	Sunny	Mild	Normal	Strong	Yes
Day12	Overcast	Mild	High	Strong	Yes
Day13	Overcast	Hot	Normal	Weak	Yes
Day14	Rain	Mild	High	Strong	No

2. 属性的分类

属性有不同的类型，或者说属性可以从不同的角度去认识和理解。属性的分类方式包括以下 2 种。

1) 根据属性的取值来划分。根据属性值的类型，可以把属性分成标称属性、序数属性和数值属性。

①标称属性的属性值是枚举类型的，并且枚举值也不存在相应的序关系。例如，表 2.1 当中，Outlook 属性就是标称属性。可以看到 Outlook 属性的取值包括 Sunny、Overcast 和 Rain 3 个值。而这 3 个值之间是不存在序关系的，即不能说 Sunny 大于 Overcast，也不能说 Overcast 大于 Rain。因此，Outlook 是标称属性。

②序数属性的属性值也是枚举类型的，但是枚举值之间是存在序关系的，如表 2.1 中的 Humidity 属性就是序数属性。因为，Humidity（湿度）属性值 High（高）一定大于 Normal（正常）。

③数值属性的属性值通常是数值，如温度、气压、高度、密度等这类属性都属于数值属性。实际上标称属性和序数属性都能通过一定的方法转换成数值属性。

2) 根据属性的性质划分。在表 2.1 中，共有 14 个对象，记录的是从第 1 天（Day1）到第 14 天（Day14）的天气状况，以及某个人是否会来打网球的情况。Outlook、Temperature、Humidity、Wind 4 个属性记录天气情况，Play Tennis 的取值"Yes"和"No"，代表某人是否会来打网球。是否会打网球，代表某人做出了一种决策，因此 Play Tennis 称为决策属性。而根据表格观察，可以发现，这个人是否会打网球，是与天气情况有关系的。理想情况下可以认为天气情况决定了这个人打网球的决策。因此，Outlook、Temperature、Humidity、Wind 这些属性称为条件属性。最后，可以发现 Day 这个属性的取值实际上是根据时间对信息的相应编号，可以假定其不影响决策属性的取值（不影响决策）。因此，从属性的性质，可以将属性分成条件属性、决策属性两大类。一张信息表如果能够将其中的属性分成条件属性与决策属性，那么这张信息表也称为决策表。

2.2 信息预处理

信息采集完毕后，并不一定能够直接利用。因为在信息采集的过程当中，由于人为或者客观的因素，常常导致采集到的信息会出现噪声、缺失值、不一致等情况。如果出现这样的情况，则会导致后续信息分析结果质量的降低。因此，需要对信息进行预处理。在工业界存在一个普遍认识，在一个信息分析或者数据挖掘项目当中，50%～70% 的时间和精力都应该放在信息或数据预处理上。没有经过预处理的信息，一般情况不能直接利用。为了与其他课程中的方法保持称呼一致，下文的信息处理方法，都直接称为数据处理方法。但注意，这不妨碍第一章中数据和信息概念的区别。

数据的预处理方法通常包括 3 类：数据变换、数据抽样及数据清洗[①]。

2.2.1 数据变换

所谓数据变换，就是在保留数据的某种结构条件（如分布）下，将数据进行一定的转换。常用的数据变换包括零均值化、标准化及独热编码。

1. 零均值化

所谓的零均值化，就是对一组给定的对象集合，对集合中每个对象的每个属性都减去所有对象在这个属性的均值。假设对象集合 $X = \{x_1, x_2, \cdots, x_n\}$ 包含 n 个对象，每个对象具有 D 个属性，则第 i 个对象（$i = 1, 2, \cdots, n$）可以表示成 $x_i = (x_{i1}, x_{i2}, \cdots, x_{iD})$。通过零均值化后 x_i 转换成 $\bar{x}_i$，且有

$$\bar{x}_i = (\bar{x}_{i1}, \bar{x}_{i2}, \cdots, \bar{x}_{iD}) = x_i - m = (x_{i1} - m_1, x_{i2} - m_2, \cdots, x_{iD} - m_D) \quad (2.1)$$

式中，$m = \sum_{i=1}^{n} x_i / n = (m_1, m_2, \cdots, m_D)$；$m_j = \sum_{i=1}^{n} x_{ij} / n, j = 1, 2, \cdots, D$。零均值化可以用来消除由于数据均值偏移导致的数据干扰，也能使后续的信息处理更加有效。例如，在图像处理当中对图像样本进行零均值化处理以后，再来进行属性提取效果会好很多。此外，零均值化是不会改变对象各属性的性质的。如果将每个对象看作空间当中的点，那么零均值化以后数据分布形态也不会发生变化。观察图 2.3 可以发现零均值化后，数据集分布没有变化。

---

① 由于此时信息不能直接用来消除不确定性，因此此时称数据预处理更准确。

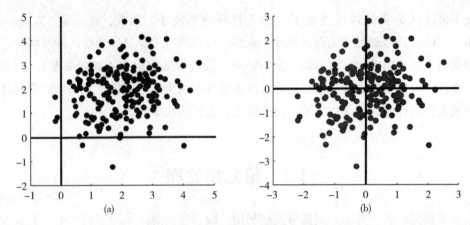

图 2.3 零均值化（图中黑线交叉的位置为坐标原点）
(a) 零均值化前；(b) 零均值化后

2. 标准化

一个对象通常由多个不同属性组成，属性之间的计量单位（量纲或数值的量级）往往是不一致的，而计量不一致在进行后续的信息分析时，可能产生完全错误的结果，这时候就需要对数据进行所谓的标准化处理。例如，房价影响因素可能包括面积大小、房间数量等。面积的计量单位是平方米，而房间的计量单位为间，面积增加 10 平方米和房间增加 1 间，对房价的影响可能相同，但这时候不能推论面积对房价的影响不如房间数量对房价的影响那么大。标准化能够消除由于属性量纲不一致而导致属性的重要性不一致。z-分数变换和最大-最小规范化就是最常用的两种标准化方法。

(1) z-分数变换

z-分数变换通过利用原始数据的均值（Mean）和标准差（Standard Deviation）进行数据的标准化，公式为

$$x^* = (x - \mu)/\sigma \tag{2.2}$$

式中，x 为某个属性值；μ 为所有对象在该属性上取值的均值；σ 为属性取值标准差。经过处理后，所有对象在该属性上取值的分布满足标准正态分布，即均值为 0，标准差为 1。实际上，对于满足不同正态分布的数据集，进行 z-分数变换以后可以将这些正态分布转换成标准正态分布。而标准正态分布具有很多优点，例如，对于很多计算的值，可以通过查表直接获得，数值分布满足 3σ 原则①，而不用重新再计算一遍。需要注意的是，z-分数变换会改变数值的分布形态。

(2) 最大-最小规范化

最大-最小规范化也称为离差标准化。它实际上是将原本分布在一个区间的数值变换到另外一个区间。如果当不同属性的数值分布之间的差异比较大的时候，用离差标准化可以将属性值变换到同一个区间内。最大-最小规范化的公式为

$$x^* = \min' + (x - \min)/(\max - \min)(\max' - \min') \tag{2.3}$$

最大-最小规范化不会改变数据的分布形态。

---

① 3σ 原则：数值分布在 $(\mu - \sigma, \mu + \sigma)$ 中的概率为 0.6826；数值分布在 $(\mu - 2\sigma, \mu + 2\sigma)$ 中的概率为 0.9544；数值分布在 $(\mu - 3\sigma, \mu + 3\sigma)$ 中的概率为 0.9974。

3. 独热编码

独热编码是专门将标称属性或者序数属性转换成数值属性的一种方法。不论是标称属性还是序数属性，属性值都是枚举型，通过独热编码能够合理将其转换成数值属性。

 示例 2.1

如表 2.2 所示，假设现在有 5 个产品，外观颜色属性的取值为 {黑、白、蓝、黄}，分别用 1、2、3、4 来标记（编码）。可以计算，产品 1 和产品 2 的颜色属性距离是 2，产品 2 和产品 3 的颜色距离是 1，按理说产品 1 和产品 2 与产品 2 和产品 3 之间的差异应该是相同的，所以这种编码方式是不合理的。

表 2.2 产品颜色属性取值

ID	Color
1	1
2	3
3	2
4	1
5	4

如果采用独热编码，就可以有效解决这个问题。首先将黑、白、蓝、黄 4 个颜色属性的属性值，转换成 4 种属性，分别记录 1、2、3、4、5 这 5 个产品在黑、白、蓝、黄这 4 个属性上的取值，即每个产品是什么颜色，就在对应颜色列中记 1，否则记 0。这样，就形成了一个 5×4 的二维信息表，如表 2.3 所示，每一行代表一个产品，每一列代表一种颜色。

表 2.3 产品—颜色二维信息表

ID	黑	白	蓝	黄
1	1	0	0	0
2	0	0	1	0
3	0	1	0	0
4	1	0	0	0
5	0	0	0	1

可以发现，第 1 个产品是黑色的，于是表格第 1 行第 1 列的位置上的值为 1，第 2 个产品是蓝色的，就在第 2 行第 3 列的位置上记 1，以此类推，形成了每一个产品对应颜色的独热编码。通过这样的编码，会发现产品 1 和产品 2 之间的颜色距离是 $\sqrt{2}$，而产品 2 和产品 3 之间的颜色距离也是 $\sqrt{2}$，差异是相同的。所以，这种编码方式是合理的。

独热编码能够在一定程度上扩展信息的属性，在需要计算信息相似性的数据分析中是非常有用的，但是属性数量的增加也会导致一些计算量的增加。

2.2.2 数据抽样

数据抽样是从一个数据集合当中抽取出特定的数据样本。由于信息量的剧增，很多信息分析及数据挖掘技术由于自身的复杂性，无法在海量的数据集上使用。因此，数据抽样依然是目前信息分析的重要预处理方法。数据抽样有很多种方法，包括随机抽样、分层抽样和聚类抽样等。

1）随机抽样：指按照随机的原则，保证对象集合中每一个对象都有已知的、非零的概率被选入作为研究对象，包括有放回抽样法、无放回抽样法以及水库抽样法。

2）分层抽样：指将总体数据分成互不交叉的层，然后按照一定的比例，从各层中独立抽取一定数量的个体，得到所需样本。

3）聚类抽样：指将总体数据归并成若干个互不交叉、互不重复的集合，称为"簇"，然后以"簇"为取样单位抽取样本。

随机抽样是最为常用的抽样方法，这里通过一个例子来说明无放回抽样法的具体流程。

示例 2.2

假设有一组数据集合：{11, 13, 16, 19, 27, 36, 43, 54, 62, 75}，每个数据被抽中的概率分别为 {0.1, 0.05, 0.05, 0.05, 0.05, 0.1, 0.1, 0.1, 0.1, 0.3}，现在从中无放回抽样 5 个数据。

抽样流程如下。

第一步：计算累计分布概率。从第 1 个到第 $i(i = 1, 2, 3, \cdots, 10)$ 个数据被抽中的概率之和称为第 i 个累计分布概率。通过计算，上述例子的累计分布概率为 {0.1, 0.15, 0.2, 0.25, 0.3, 0.4, 0.5, 0.6, 0.7, 1}。

第二步：生成一个位于 0~1 之间的随机数的数组，数组的长度要等于被抽样的个数。假设得到数组为 {0.045, 0.528, 0.073, 0.523, 0.173}。

第三步：根据第二步中生成的随机数在累计分布概率数组中找到对应位置。例如，第 1 个随机数是 0.045，在累计分布概率数组中 0.1 > 0.045，因此，记录位置 1；第 2 个随机数是 0.528，发现在累计分布概率数组当中它比前 7 个大比第 8 个小，所以记录位置 8。以此类推，我们可以得到一个位置数组 {1, 8, 1, 8, 3}。

第四步：删除位置数组中的重复项并排序，得到数组 {1, 3, 8}。

第五步：在累计分布概率数组当中将 1、3、8 号样本抽取出来，并且将这些抽样出来的样本概率值标记成 0。

第六步：重新计算剩余样本被抽中的概率。剩余样本为第 2、4、5、6、7、9、10 个，其原本被抽中的概率为 {0.05, 0.05, 0.05, 0.1, 0.1, 0.1, 0.3}。按照当前概率，计算比例关系 1∶1∶1∶2∶2∶2∶6，则可以得到新的概率集合为 {0.076, 0.076, 0.076, 0.154, 0.154, 0.154, 0.31}，然后跳转到第一步，直到抽到预定数量的样本为止。

上述过程阐述的是无放回抽样法的流程，如果要进行有放回抽样，只需要在第五步中，不将被抽出的样本概率值设置成 0 即可。除了无放回抽样法和有放回抽样法以外，水库抽样法也是一种常用的随机抽样方法。

很多时候，由于各种条件限制，要在海量数据中进行均匀的抽样，只能扫描海量数据一遍。这样从头到尾扫描海量数据，就形成了一组有序、有起点和终点的数据序列，即数据流。水库抽样法可以有效对这样的数据流进行抽样。水库抽样法流程如下。

假设现在有一串数据流 S，从中需要抽取出 n 个样本。目前已经抽取到了第 k 个样本，输出的样本集合记作 R。具体如下。

1）如果 $k \leq n$，则将抽中样本直接放到 R 当中。

2）如果 $k > n$，则生成一个随机数 j，j 位于 $1 \sim k$ 之间。

① 如果 $j \leq n$，则将抽出的样本放到 R 中，替换 R 中的第 j 个样本。

② 如果 $j > n$，则不进行任何操作。

3）一直进行下去，直到数据流 S 输出完毕为止。

2.2.3 数据清洗

数据清洗是指对采集到的信息进行重新审查和校验，包括处理无效值和缺失值，检查数据一致性等。数据清洗的目的在于删除重复信息、纠正存在的错误，并提供数据一致性。数据清洗的方法主要包括缺失值填充、噪声平滑、不一致数据处理。

1. 缺失值填充

在信息分析过程当中，数据的某些值常常缺失，有些特殊的值又不可用，因此常常会遇到缺失值填充的问题。缺失值填充是指将数据中缺失的一些部分给填补进去。表 2.4 所示为一张存在数据缺失的信息表。

表 2.4　存在数据缺失的信息表

对象	属性 1	属性 2	属性 3	属性 4
对象 1	√	×	√	√
对象 2	√	√	√	×
对象 3	×	√	√	√

注：其中 √ 代表非缺失值，× 代表缺失值。

数据缺失由很多原因导致，这些缺失原因也称为数据缺失的机制。数据缺失的机制可以分成三大类：完全随机缺失、随机缺失以及非随机缺失。

1）完全随机缺失指的是数据缺失与其他数据的取值无关。例如，由于系统故障，导致老师在登记成绩时，有几位同学的成绩没有被系统存入。这种成绩缺失不是因为成绩这个变量本身高或低而丢失的，而是随机丢失的，同时和性别属性也无关，不会出现男生成绩丢失概率高，女生成绩丢失概率低的问题。

2）随机缺失指的是数据缺失与数据在某些属性上的取值是有关的。例如，在分析客户的购物行为时，客户的年龄缺失与其本身的数值是无关的，但是可能和客户的性别有关。因为，女性客户常常不愿意透露自己的年龄。

3）非随机缺失指的是缺失值与自身的属性有关。例如，客户行为分析当中，高收入人群往往不愿意填写具体收入值。

填充的方法包括3种：均值填充、相似填充和回归填充。

1）均值填充：如果某个对象的某个属性缺失，则用该属性在其他所有对象上取值的均值填充。如果是非数值型属性，则用众数（出现最多的数值）补齐。

2）相似填充：用其他相似对象在该属性上的值去填补缺失值。相似对象可以通过比较那些没有缺失值的属性来确定。

3）回归填充：将缺失属性值作为因变量，其他属性值作为自变量，利用线性回归方法来计算出缺失值，即 $x_i = \beta_0 + \sum_{k=1}^{D} \beta_k x_k$，其中，$\beta_k (k = 0, 1, \cdots, m, k \neq i)$ 为参数，x_i 为缺失的属性值，x_k 为同一对象的其他属性值。

2. 噪声平滑

噪声平滑是指去除数据当中可能存在的噪声数据，一般分成2个步骤：分箱、平滑。

分箱也就是将数据分成大小不同的单元组，分箱包括以下4种方法。

1）等深分箱：将数据记录按个数分箱，每箱具有相同的记录数。

2）等宽分箱：将数据在属性值上平均分配，使每个箱子区间范围是一个常量。

3）最小熵法：考虑因变量取值，使分箱后箱内达到最小熵。

4）自定义法：通过自定义的方法，根据数据的特点来分箱。

分箱完毕以后就要进行平滑。平滑，有时也称为滤波，是指去除箱子中数据的差异，从而发现整个数据的趋势。平滑的方式有以下3种。

1）平均数平滑：同一箱子当中的数据都用平均值来代替。

2）边界值平滑：用与其距离最小的边界值代替箱子当中所有的数据。

3）中值平滑：用中位数来代替箱子当中所有的数据。

3. 不一致数据处理

数据不一致性是指数据的矛盾性、不相容性。产生数据不一致的情况主要有以下3种：数据冗余、并发控制不当、各种故障或错误。

第一种情况的出现往往是由于重复存放的数据未能进行一致性更新。例如，对于教师工资的调整，如果人事处的工资数据已经改动了，而财务处的工资数据未改变，则会产生矛盾的工资数据。

第二种情况是由于多用户共享数据库，而更新操作未能保持同步进行。例如，在飞机票订购系统中，如果在不同的两个购票点同时查询某张机票的订购情况，而且分别为顾客订购了这张机票，则会造成一张机票同时卖给两名顾客的情况。这是由于系统没有进行并发控制，所以造成了数据的不一致性。

第三种情况是由于某种原因（如硬件故障或软件故障）而造成数据丢失或数据损坏，要根据各种数据库维护手段（如转存、日志等）和数据恢复措施将数据库恢复到某个正确的、完整的、一致性的状态下。

解决数据不一致的方法可以根据不一致数据产生的原因来设定。

对于数据库中的不一致数据来说，可以考虑各种破坏数据一致性的因素，并采取一些相应的措施来维护数据的一致性，如提供并发控制的手段，提供存储、恢复、日志等功能。

对于信息表中的不一致数据,可以通过属性的一致对数据进行分箱,然后通过平滑方法来表示不一致数据。甚至,如果不一致数据数量比较少,则可以直接将其删除。

本章小结

本章主要介绍了信息采集与预处理。信息采集过程当中,介绍了什么是信息源以及信息采集的方法和原则。在信息预处理当中,介绍了预处理的3种方法,包括数据变换、数据抽样以及数据清洗。以上这些是信息处理流程早期的工作,但对后续信息处理至关重要。

习 题

1. 假设原数据集是满足正态分布的,经过 $z-$ 分数变换以后标准分,即 z 值大于 3 的概率是多少?

2. 考虑以下 3 个现实问题。

1)为了调查某个微信小程序的受众人群分布,可以采用哪些抽样方法?哪种抽样方法更好一点?

2)在街头拦人进行调查问卷,这种抽样方式是否是科学的?

3)给定 m 个元素,将元素分成 k 组,其中第 i 组的大小为 m_i,如果目标是得到一个容量为 $n(n<m)$ 的样本值,则下列两种方式有什么区别?第 1 种方式是从每组中随机选择 $n \times m_i/m$ 个样本,第 2 种方式是从数据集中随机选择出 n 个元素。

3. 有一组已经排序的数据:5,10,11,13,15,35,50,55,72,204,215。

1)如果采用等深分箱,将这些数据划分成 4 个箱子,则 15 在第几个箱子中?

2)如果采用等宽分箱,将这些数据划分成 4 个箱子,则 15 在第几个箱子中?

3)如果采用等深分箱,将这些数据划分成 3 个箱子,用均值平滑,则第二个箱子中数据取值是多少?

第 3 章 信息分析

本章介绍信息分析的常用方法,包括统计分析方法以及一些复杂信息分析方法,如相关分析、回归分析、主成分分析以及关联分析等。通过信息分析,能够发现采集到的信息中包含的一些规律,从而更好地认识信息、理解信息。对信息进行分析,主要针对的是数值型信息。因此,与第 2 章相同,下文仍然将经过采集和预处理的信息称为数据。

3.1 数据的统计分析

统计分析指利用统计学的理论和方法,对数据进行量化的计算和分析,从而对数据的分布、形态进行基本的观察和认识,揭示数据中蕴含的规律。统计分析中,常用的一些描述数据特征的计算值,称为统计特征,有时也称统计量。实际上,本章所介绍的统计量,在统计学或者概率论课程中也会有相应的介绍,这里主要是来解释这些统计量如何在现实生活当中应用以及如何影响现实生活的。

3.1.1 描述数据集中趋势的统计特征

第一类数据的统计特征是描述数据集中趋势的度量。所谓的数据集中趋势的度量,指的是数据向中心靠拢的程度。数据集的中心,通常指数据集的均值、中位数等。这些统计特征包括算数平均、中位数、众数和 k 百分位数。

1. 算术平均

算术平均的计算公式为 $\bar{x} = \sum_{i=1}^{n} x_i / n$。它的计算方法非常简单,即数据集中所有数据样本的加和再除以数据个数。需要指出一点,算数平均作为一种描述数据集中趋势的度量,容易受到数据中极端值或者离群点的影响①。

---

① 极端值或离群点指与大多数数据表现不一样的数据点。

示例 3.1

将学校所有老师的收入和某位大富豪的收入组成一个数据集。很显然，大富豪的收入要比学校老师的收入高很多。因此，在这个数据集当中，大富豪的收入就属于一个离群点，即离开数据集群的点。这时如果用算数平均来计算这个数据集的均值，则会发现由于大富豪收入的存在而变得非常高，由此很多人就会认为学校老师的收入也很高，但实际上学校老师的收入可能并没有计算的那么高。

2. 中位数

按照一定的顺序，将数据由小到大的排列，处于中间位置上的数据，就称为中位数。中位数对离群点的敏感性相比于算数平均要低很多。如示例 3.1，如果将收入由低到高排列，会发现排在中间的那位老师的收入，大体能够指代整个学校老师的收入水平。

3. 众数

如果遇到数据呈多峰分布的时候，中位数也不能够描述数据的集中趋势，这时候就可以采用众数来描述数据的中心。所谓众数，指的是数据集合中出现最多的值。例如，男士尺码 L（适合 175 身高），女士尺码 M（适合 165 身高）可能为衣服尺码中的两个众数。

4. k 百分位数

k 百分位数是指将数据从小到大进行排列，计算相应的累计百分比，处于 $k\%$ 位置上的数就称为 k 百分位数，如第一、第二、第三分位数分别记作 Q_1、Q_2、Q_3。中位数实际上是一个特殊的 k 百分位数，即 $k = 50$ 的分位数。计算 k 百分位数，一般会采用差值法：首先，确定 $x_{k\%}$ 的位置，即 $l = (n + 1) \times k\%$ 或 $l = 1 + (n - 1) \times k\%$；然后，计算 $x_{k\%} = x_l + (x_{l+1} - x_l) \times (1 - k\%)$。

3.1.2 描述数据离中趋势的度量

第二类数据的统计特征是描述数据离中趋势的度量，也就是数据向中心偏离程度的度量，或者是数据相互离散的程度。常用的描述数据离中趋势的度量包括以下 5 个。

1）极差 R：数据集中最大值与最小值之间的差，又称为误差范围。

2）四分位极差（IQR = $Q_3 - Q_1$）：上、下四分位数之间的差。通常情况下四分位差反映的是 50% 数据的变动范围，四分位极差还可以用来发现离群点。

3）平均绝对离差（MAD = $\sum_{i=1}^{n} |x_i - \bar{x}|/n$）：计算数据集中各个样本与平均值之间差异的均值。

4）方差 $\sigma^2 = \sum_{i=1}^{n}(x_i - \bar{x})^2/(n-1)$ 及标准差 $\sigma = \sqrt{\sum_{i=1}^{n}(x_i - \bar{x})^2/(n-1)}$：最为常用的两个度量数据与其中心偏离程度的度量。但是，这两个度量有一个非常大的缺点，即在不同的量纲下，计算得到的方差和标准差差异会很大。如果出现这样的情况，则会导致对数据集的离散程度的认识不够准确。要改善这个问题，可以用离散系数。

5）离散系数（$C_v = \sigma/\bar{x}$）：又称为变异系数，等于标准差除以样本的均值。

了解了这些概念以后，下面主要介绍四分位极差、离散系数和标准差的应用。

1. 四分位极差的应用

图 3.1 显示的是一条满足标准正态分布的数据集合的概率密度曲线。在这张图中标出了一些重要的坐标点。计算四分位极差,首先要计算上、下四分位数,Q_1 代表上四分位数,Q_3 代表下四分位数。由上、下四分位数的定义可知,从第 1 个对象到对象 Q_1 包含的应该是 25% 的数据,而从对象 Q_3 开始一直到最后一个对象,也应该包含 25% 的数据。因此,从上四分位数到下四分位数的区间,应该包含 50% 的数据。由于当前数据集合满足高斯分布,即数据集分布是对称的,均值和中位数差异不大或相等(请大家思考原因)。因此,从 Q_1 到均值之间,应该也包含 25% 的数据,而根据高斯分布的定义,可以计算(查表)

$$\varphi\left(\frac{Q_1 - \mu}{\sigma}\right) = 25\% \Rightarrow \frac{Q_1 - \mu}{\sigma} = -0.6745 \tag{3.1}$$

式中,μ 为均值。由此 $Q_1 = -0.6745\sigma + \mu$,同理 $Q_3 = 0.6745\sigma + \mu$,因此 IQR $= Q_3 - Q_1 = 1.349\sigma$。于是 $Q_3 + 1.5\text{IQR} - (Q_1 - 1.5\text{IQR}) = 4\text{IQR} = 4 \times 1.349\sigma > 5.4\sigma$,可以查表求得,$P(Q_1 - 1.5\text{IQR} < x < Q_3 + 1.5\text{IQR}) = 0.9930$(也可以根据正态分布的 3σ 原则验证)。因此,落在区间 $(Q_1 - 1.5\text{IQR}, Q_3 + 1.5\text{IQR})$ 的数据占总数据量的 99.3%。可以推论,如果数据不落在这个区间内,那么这个数据样本就应该偏离大部分数据,即为离群点。

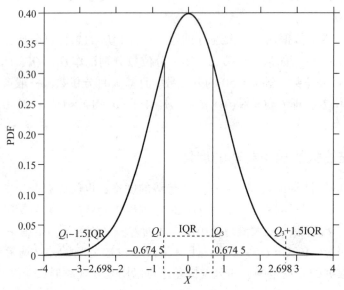

图 3.1　正态分布概率密度曲线

2. 离散系数和标准差的应用

下面通过示例 3.2 对离散系数和标准差的应用进行说明。

示例 3.2

表 3.1 记录了多个成人和幼儿的身高,然后分别计算成人组和幼儿组身高的均值、标准差以及离散系数。

表3.1 身高数据表

组别	数据/cm	均值/cm	标准差	离散系数
成人	166 167 169 169 169 170 170 171 171 171 171 172 173 173 173 175 175 176 177 179	171.85	3.33	0.019 4
幼儿	67 68 69 70 70 71 71 71 72 72 72 72 72 73 74 75 76 76 77	72	2.64	0.036 6

可以看到，成人组身高的标准差是3.33，而幼儿组身高的标准差是2.64。标准差是数据离中趋势的一个度量，那么在这里可能会认为，成人身高的差异要比幼儿身高差异要大。但在现实生活中会发现，对于成年人来说，身高差别在5 cm左右都是比较正常的事情，但对于幼儿来说，身高差别1~2 cm就是一个比较大的数据。也就是说，这里用标准差来计算得到的成人组和幼儿组身高的差异标准，并不符合常理。通过离散系数再来计算成人组和幼儿组两组身高数据的差异，会发现成人组身高的离散系数是0.019 4，而幼儿组的身高的离散系数是0.036 6。可见，根据离散系数可知，幼儿组身高的差异要比成人组差异要大，这更符合人们对现实生活的认识。

3.1.3 数据分布形态的度量

在介绍数据集中趋势的度量时提及，如果数据满足多峰分布，中位数也不能很理想地度量数据的集中趋势。这里的"多峰分布"，是指数据的一种分布形态。可以看到，满足正态分布的数据集的概率密度曲线是一个完美的钟型，因此正态分布是一种单峰分布，接下来介绍数据分布形态以及其度量。

偏态分布是指数据的概率密度曲线并不是左右对称的分布形态。图3.2（a）所示为一个满足正态分布的数据集的概念密度曲线，而图3.2（b）、图3.2（c）为满足偏态分布的数据集的概念密度曲线。要注意的是，对于一个满足正态分布的数据集来说，它的中位数、众数、均值应该出现在同一位置。而满足偏态分布的数据的中位数、众数和均值三者不重合。图3.2（b）显示的数据的分布称为左偏态分布，也称为负偏态分布。而图3.2（c）的数据分布形成右偏态分布，也称为正偏态分布。在满足右偏态的数据集当中，可以发现，众数通常小于中位数，中位数通常小于均值；而满足左偏态的数据集中，均值小于中位数，中位数小于众数。

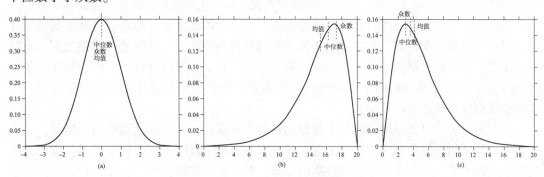

图3.2 概率密度曲线

(a) 对称分布；(b) 非对称分布（左偏态，负偏态）；(c) 非对称分布（右偏态，正偏态）

偏态系数是用来衡量数据分布不对称程度的统计参数，通常用 SK 来表示。SK 公式为

$$SK = \frac{n}{(n-1)(n-2)\sigma^3} \sum_{i=1}^{n}(x_i - \overline{x})^3 \tag{3.2}$$

式中，$\overline{x}$ 为平均值；σ 为标准差。SK 的绝对值越大，整个数据值偏斜就越严重。可以发现，SK 计算起来相对比较复杂，在某些情况下，可以用一种简单的偏态系数计算方法，这种方法计算得到的偏态系数称为皮尔逊偏态系数，公式为

$$SK = \frac{\overline{x} - M_0}{\sigma} \text{ 或者 } SK = \frac{3(\overline{x} - M_0)}{\sigma} \tag{3.3}$$

式中，M_0 为众数。此外，除了 SK 的绝对值可以来判断数据的偏斜程度以外，它的正、负号还可以来判断数据是左偏态还是右偏态。如果 SK<0，则数据分布是左偏态的，也就是负偏态；如果 SK>0，则数据分布是右偏态或者正偏态；若 SK=0，则数据分布是正态分布。

数据分布形态除了偏斜程度外，还有所谓的平坦程度。数据分布的平坦程度，可以用数据峰度以及峰度系数来描述。峰度指的是数据的概率密度曲线最高峰的高度。由于比较数据分布的平坦程度需要统一的标准，因此通常以标准正态分布作为比较基准。峰度系数公式为

$$K = \frac{\frac{1}{n}\sum_{i=1}^{n}(x_i - \overline{x})^4}{\left[\frac{1}{n}\sum_{i=1}^{n}(x_i - \overline{x})^2\right]^2} - 3 \tag{3.4}$$

式中，减 3 是为了使标准正态分布的峰度值等于 0。对于其他数据的分布来说，如果计算得到 $K < 0$，则可判定数据分布是一种低峰态分布；如果 $K \approx 0$，则数据分布是常峰态分布；如果 $K > 0$，则数据分布是尖峰态分布。

给定一数据集，通过计算它的偏度与峰度，可以估计数据分布与正态分布的差异，结合数据集中和离中趋势度量，可以大致判断数据分布的具体情况，增加对数据的理解。

3.1.4 数据分布特征的可视化

前文介绍了数据集中趋势的度量、离中趋势的度量、数据偏斜程度的度量以及数据平坦程度的度量。通过这些度量，可以多方位、多角度地去了解一个数据集。接下来介绍两种数据分布特征的常用可视化方法，可以用来更加直观、可视化地展示数据分布的各项指标。

箱型图，又称为盒须图、盒式图或箱线图，是一种用来显示一组数据分散情况的统计图，因形状如箱子而得名。它主要用于反映数据分布的特征，还可以进行多组数据分布特征的比较。箱型图中箱体的上、下边缘分别为数据集的上、下四分位数，中位数在箱体中间。图 3.3（a）中线段的两个端点分别为数据集合的最大值与最小值。通过箱型图，可以判断数据分布是正态还是偏态。

直方图是对一组数据集合的某个数据属性的频率统计。其取值范围映射到横轴，并分割为多个子区间。每个子区间用一个直立的长方块表示，高度正比于属于该属性值子区间的数据点的个数。直方图可以呈现数据的分布、离群值和数据分布的模态。直方图的各个部分之和等于单位整体。所以，直方图可以粗略地描述数据的分布形态。大家可以思考，图 3.3（b）中，显示的数据集的分布是什么形态的？

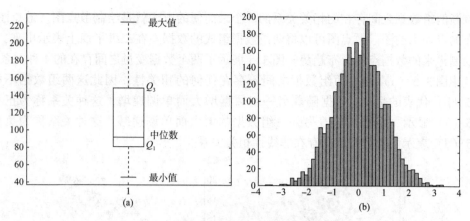

图 3.3 箱型图与直方图
（a）箱型图；（b）直方图

3.2 数据的相关分析

除了简单的统计分析外，为了发现数据集合中包含的复杂信息，需要进行复杂的数据分析。通常情况下数据的相关分析就是要去分析两组或多组数据之间的相互影响，衡量两组数据的相关密切程度。相关性的元素之间需要存在一定的联系或者概率才可以进行相关性分析。常用的相关分析可以分为线性相关分析以及非线性相关分析，这里我们只谈论线性相关分析。

线性相关是指两组数据之间存在线性关系。所谓的线性关系，指的是一组数据与另一组数据存在一次函数关系。假设一组数据 $x = \{x_1, x_2, \cdots, x_n\}$ 与另一组数据 $y = \{y_1, y_2, \cdots, y_n\}$ 存在线性关系，则可以将 (x_i, y_i) 看成二维坐标系上的点，数据显示图 3.4（a）中，可以发现，数据点的纵坐标值大体随着横坐标值的增大而增大。

不满足线性相关的关系都称为非线性相关，如图 3.4（b）所示，可以发现图中数据点的纵坐标值不随着横坐标值单调变化。

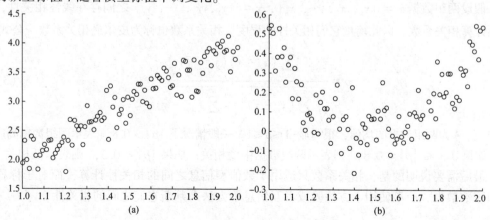

图 3.4 两组数据存在相关性
（a）线性相关；（b）非线性相关

判断两组数据之间存在的相关关系的一个最简便的方法就是绘制散点图。散点图是指由散布的点表示的图。散点图可以将两组数据组成的数据点在二维平面上表示出来,然后观察绘制出来的数据点的分布趋势。图3.5展示了两个数据变量之间存在的4种关系。

其中图3.5(a)代表两组数据之间不存在任何的相关性,因此这两组数据不相关;图3.5(b)代表的是一组数据随着另一组数据增大而单调递增,这种关系称为正相关;图3.5(c)显示一组数据随着另外一组数据的增大而单调递减,这种关系称为负相关,图3.5(d)表示两组数据之间存在非线性相关关系。

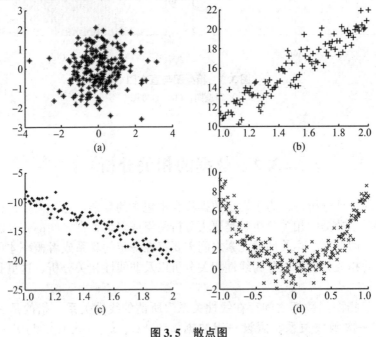

图3.5 散点图

(a)不相关;(b)正相关;(c)负相关;(d)非线性相关

3.2.1 相关系数

假设两组数据 $x = \{x_1, x_2, \cdots, x_n\}$,$y = \{y_1, y_2, \cdots, y_n\}$ 之间存在线性相关性,则可以计算相关系数,以此衡量它们相关性的程度。相关系数也称为皮尔逊相关系数,公式为

$$\rho = \frac{\sum_{i=1}^{n}(x_i - \bar{x})(y_i - \bar{y})}{\sqrt{\sum_{i=1}^{n}(x_i - \bar{x})^2}\sqrt{\sum_{i=1}^{n}(y_i - \bar{y})^2}} \tag{3.5}$$

式中,$\bar{x}$,$\bar{y}$ 为两组数据的均值,很明显 $-1 \leqslant \rho \leqslant 1$。一般情况下 $|\rho| > 0.8$,表示两组数据高度相关;如果 $0.3 \leqslant |\rho| \leqslant 0.8$,则表示两组数据中度相关;如果 $|\rho| < 0.3$,则表示低相关。

最后需要说明的是,相关系数只适用于数值型信息之间的相关性计算,而对于标称数据和序数数据,应该使用卡方检验或者互信息等方法来判断它们之间的相关性。

3.2.2 互信息

互信息指的是一组数据中包含的关于另一组数据的信息量,衡量的是两组数据的依赖

程度。互信息的计算公式为

$$I(x, y) = \sum_i P(x_i, y_i) \log \frac{P(x_i, y_i)}{P(x_i)P(y_i)} \tag{3.6}$$

式中，$I(x, y)$ 代表的就是两组数据 x 和 y 之间的互信息，$P(x, y)$ 是 x 和 y 之间的联合概率。互信息可以用来计算两个变量之间比较复杂的相关性。

示例3.3

美国的经济学家发现一个奇怪的现象，在过去的100年当中，美国股市的涨跌和女性的裙摆长度呈现某种相关性。女性的裙摆长度越长，股市就越低迷；相反，女性的裙摆长度越短，股市就呈现越昂扬的牛市趋势。于是有人就提出来，通过观察女性的裙摆长度就可以判断股市到底是熊市还是牛市，甚至还提出了一个所谓的"裙摆指数"来预测股市的涨跌。那么女性的裙摆长度和股市的涨跌之间是否存在相关性？我们可以通过信息进行判断。

假设女性的裙摆长度是一组数据 x，如果裙子的长度在膝盖处，则设 $x=0$；如果高于膝盖一寸，则设 $x=1$；高于两寸，$x=2$；如果比膝盖长出一寸，则设 $x=-1$；长出两寸，$x=-2$，以此类推。同时，令股市的涨跌幅度 y 也是一个随机变量，假定涨1%，则设 $y=1$；涨2%，$y=2$；如果下跌，则设 $y<0$；如果不涨不跌，则设 $y=0$。把过去的100年以每一个月作为一个单位，大约能得到1 200个样本点，这样就能估算出 x 和 y 的概率分布 $P(x)$ 和 $P(y)$，同时也能计算得到 $P(x, y)$。最后，通过这样的计算，得到互信息约等于0。也就是说，女性裙摆长度与股市涨跌之间是没有相关性的。

这个例子说明，相关性不等于因果性，很多看似有关联的事情，可能只是偶然的现象。

3.2.3 协方差

线性相关分析和互信息，可以用来判断两组数据之间的相关性。但实际上，现实情况中，相关性判断常常需要多组数据之间进行相关性分析。例如对象具有多个属性，对象集合在每个属性上形成一组数据，因此分析多组数据的相关性，可以分析对象属性之间的相关性。

计算多组数据之间的相关性，可以通过计算协方差矩阵来进行判断。约定一些数学符号。假定现在有一张二维信息表，其包含 n 个对象 $[x_1, x_2, \cdots, x_n]$，每个对象包含 D 个属性。因此，任一对象 $\boldsymbol{x}_i$ 都可以表示成一个 D 元组，数学上称为 D 维向量，即 $\boldsymbol{x}_i = [x_i^1, x_i^2, \cdots, x_i^D]^T$，其中 x_i^j 为对象 $\boldsymbol{x}_i$ 的第 j 个属性，$[\cdots]^T$ 表示向量的转置，因此 $\boldsymbol{x}_i$ 是一个列向量。对象集合 $\{\boldsymbol{x}_1, \boldsymbol{x}_2, \cdots, \boldsymbol{x}_n\}$ 的协方差矩阵公式为

$$\Sigma = \frac{1}{n-1} \sum_{i=1}^n (\boldsymbol{x}_i - \boldsymbol{\mu})(\boldsymbol{x}_i - \boldsymbol{\mu})^T \tag{3.7}$$

式中，$\boldsymbol{\mu}$ 是对象集合的中心点，常表示为均值。这里 $\boldsymbol{x}_i - \boldsymbol{\mu}$ 也是一个向量，由于现在每个对象都有 D 个属性，因此协方差矩阵 Σ 是一个 $D \times D$ 的矩阵。矩阵相应 (i, j) 位置上就代表记录了第 i 个属性和第 j 个属性之间的相关性。

示例 3.4

现在有一个鸢尾花数据集①。在这个数据集合当中，一共包含了 150 个鸢尾花数据样本（对象），每一个数据样本（对象）都记录了一朵鸢尾花的 4 个属性，分别是花萼长度、花萼宽度、花瓣长度和花瓣宽度。通过计算协方差矩阵来计算这 4 个属性之间是否存在一定的相关性。

根据协方差计算方法，可以得到一个 4×4 的协方差矩阵，为了形象地表示两两属性之间的相关性，用散点图来显示，并且不同类别的鸢尾花对象，用不同的样色表示。因此，可以显示出如图 3.6 所示的 16 张子图，第 (i,j) 位置上的散点图显示了属性 i 与属性 j 的相关性。观察第 1 行第 2 列这张子图，能够看到第 1 行纵坐标表示的是花瓣长度，第 2 列横坐标表示的是花瓣宽度，这张子图显示的是当表示的是鸢尾花的花瓣长度和花瓣宽度两个属性时，鸢尾花样本的散点图。应该看到在这张图上，花瓣长度和花瓣宽度的相关性应该是非常大的。此外，可以发现对角线上面所有的子图中的散点形成一条直线，表示样本属性之间的相关系数等于 1，这是因为每个属性和其自身的相关性等于 1。

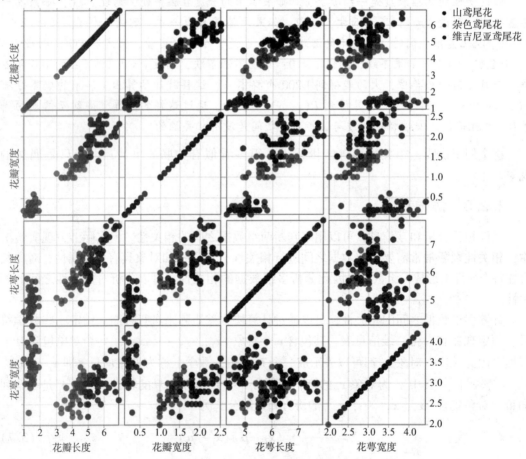

图 3.6　鸢尾花数据集协方差矩阵

---

① http://archive.ics.uci.edu/ml/datasets/Iris

3.3 数据的回归分析

在回归分析中,常常将一组数据记为因变量,另一组数据记为自变量。相比于相关性分析,回归分析不仅仅要求分析两组数据具有相关性,而且需要定量描述这种相关性。回归分析一般包括线性回归和非线性回归。所谓线性回归,就是要求发现自变量与因变量之间存在的线性关系,并用线性函数来表示出这种线性关系。非线性回归指的是自变量和因变量之间存在非线性关系。非线性回归通常有很多种方法,其中比较简单的是多项式回归,即因变量和自变量之间的关系可以由多项式函数来决定。

3.3.1 线性回归分析

线性回归要求分析出自变量和因变量之间存在的线性关系。假设自变量数据和因变量数据都只具有一个属性。因此,自变量可以表示成 x,因变量表示成 y(x,y 都是标量)。这时,线性回归称为一元线性回归,公式为

$$y = \beta_0 + \beta_1 x \tag{3.8}$$

式中,β_0 和 β_1 称为回归系数。式(3.8)表明 x,y 之间存在一次函数关系(线性关系)。

示例 3.5

通过信息采集,得到美国休斯敦城市很多房屋的价格和其相应的面积数据,现在尝试研究房屋价格和面积之间的相关性,并要求定量描述这种相关性。很显然,这是一个回归分析问题。假定房屋面积为自变量,房屋价格为因变量,绘制散点图如图 3.7(a)所示。从图中观察可以发现,房屋价格与房屋面积之间存在线性相关性。

然后,可以通过线性回归分析,得到描述自变量(房屋面积)与因变量(房屋价格)之间的一次函数,将这个一次函数在图上绘制出来,如图 3.7(b)所示。这个一次函数在图上形成一条直线,因此也称为回归线。一旦有了这条回归线,或者确定了一次函数,那么就可以用来进行预测了,即当给定任意房屋面积时都可以计算相应的房屋价格。

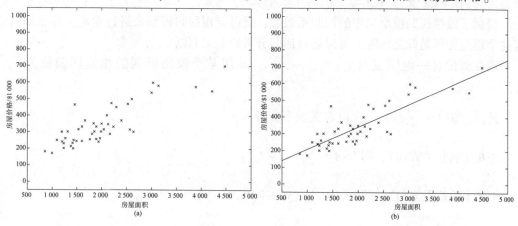

图 3.7 线性回归

(a)绘制散点图;(b)绘制函数

接下来讨论如何确定并计算回归线方程。

在示例 3.5 中，自变量 x 为房屋面积，因变量 y 代表房屋价格。确定回归线性方程，实际上是要求出 β_0 和 β_1 的值。为了问题的可扩展性，可以将问题进一步泛化。假设因变量的值是由多个自变量确定的，即线性回归方程可以转化为

$$y = \beta_0 + \beta_1 x_1 + \cdots + \beta_{d-1} x_{d-1} \tag{3.9}$$

该问题称为多元线性回归问题。示例 3.5 中，房屋价格不仅仅由房屋面积决定，还与房屋所在楼层、房屋朝向相关。很显然，这样的假设更加合理。现在来考虑求解线性回归模型当中的回归系数 $\beta_0, \beta_1, \cdots, \beta_{d-1}$。

第一步，根据已经采集到的数据，可以将多个自变量组合成向量，假设有 n 个对象，则第 i 个对象可以表示成 $\boldsymbol{x}_i = [x_{i1}, \cdots, x_{id-1}]$，相应因变量为 y_i，借助式（3.9），可知：

$$\boldsymbol{y}_i = \beta_0 + \beta_1 x_{i1} + \cdots + \beta_{d-1} x_{id-1} = \tilde{\boldsymbol{x}}_i \boldsymbol{\beta}^{\mathrm{T}} \tag{3.10}$$

式中，$\tilde{\boldsymbol{x}}_i = [1, x_{i1}, \cdots, x_{id-1}]$；$\boldsymbol{\beta} = [\beta_0, \beta_1, \cdots, \beta_{d-1}]$；$\boldsymbol{\beta}^{\mathrm{T}}$ 表示 $\boldsymbol{\beta}$ 的转置。

第二步，为了计算因变量与自变量的关系，即求出所有系数，可以要求对所有的对象，通过线性回归得到的预测 y_i 和采集到数据集中真正的因变量值 t 尽量接近。这个目标可以通过定义如下函数来满足：

$$\min_{\boldsymbol{\beta}} J = \min_{\boldsymbol{\beta}} \sum_{i=1}^{n} (\boldsymbol{t}_i - \boldsymbol{y}_i)^2 = \min_{\boldsymbol{\beta}_i} \sum_{i=1}^{n} (\boldsymbol{t}_i - \tilde{\boldsymbol{x}}_i \boldsymbol{\beta}^{\mathrm{T}})^2$$

$$= \min_{\boldsymbol{\beta}} \mathrm{tr}[(\boldsymbol{T} - \tilde{\boldsymbol{X}} \boldsymbol{\beta}^{\mathrm{T}})(\boldsymbol{T} - \tilde{\boldsymbol{X}} \boldsymbol{\beta}^{\mathrm{T}})^{\mathrm{T}}] \tag{3.11}$$

式中，$\tilde{\boldsymbol{X}} = [\tilde{\boldsymbol{x}}_1^{\mathrm{T}}, \tilde{\boldsymbol{x}}_2^{\mathrm{T}}, \cdots, \tilde{\boldsymbol{x}}_n^{\mathrm{T}}]^{\mathrm{T}}$；$\boldsymbol{T} = [t_1, t_2, \cdots, t]$；$\mathrm{tr}(\cdot)$ 为取矩阵的迹（可以直接按照线性代数的知识推导）。

第三步，求解 $\boldsymbol{\beta}$。最优的 $\boldsymbol{\beta}$ 应该是使式（3.11）达到最小，根据高等数学知识可知，可以令上式对 $\boldsymbol{\beta}$ 求偏导，并且令导数等于 0，即

$$\frac{\mathrm{d} J}{\mathrm{d} \boldsymbol{\beta}} = 2 \tilde{\boldsymbol{X}}^{\mathrm{T}} (\boldsymbol{T} - \tilde{\boldsymbol{X}} \boldsymbol{\beta}) = \mathbf{0} \tag{3.12}$$

于是可得，$\boldsymbol{\beta} = (\tilde{\boldsymbol{X}}^{\mathrm{T}} \tilde{\boldsymbol{X}})^{-1} \tilde{\boldsymbol{X}}^{\mathrm{T}} \boldsymbol{T}$。

得到了线性回归模型当中的回归系数后，就可以用回归模型来进行预测。那么如何知道这个模型到底是好是坏呢？可以通过回归分析检验来判断。

现在假设有一组因变量 $l_1, l_2, \cdots, l_n$，利用某个模型得到的相应回归值为 $y_1, y_2, \cdots, y_n$。

此外，记 $\bar{l} = \sum_{i=1}^{n} l_i / n$。可以定义如下变量：

SSR（回归平方和），即 $\mathrm{SSR} = \sum_{i=1}^{n} (y_i - \bar{l})^2$；

SSE（残差平方和），即 $\mathrm{SSE} = \sum_{i=1}^{n} (y_i - l_i)^2$；

SST（总离差平方和），即 $\mathrm{SST} = \sum_{i=1}^{n} (\bar{l} - l_i)^2$。

根据上述参数可以通过计算 R^2 判断线性回归模型的好坏，有时也称 R^2 为拟合优度，

即解释变量在预测 y 中贡献的比例：

$$R^2 = 1 - \frac{\text{SSE}}{\text{SST}} \tag{3.13}$$

R^2 取值为 $[0, 1]$，越接近于 1，拟合越好。

3.3.2 多项式回归

如果因变量和自变量之间存在着非线性关系，则非线性关系可以使用自变量的多项式函数来拟合。实际上，线性函数是多项式函数的一个特例。

考虑这样一个问题，在图 3.8 中，现在有 10 个样本点组成训练集合，每一样本点 (x, t) 为二维平面上一个坐标点。这些数据点是由函数 $t = \sin(2\pi x)$ 加入一些随机噪声生成的。那么是否可以根据小圆圈代表的数据点，得到回归曲线（即图中的曲线）？这里因变量是 t，自变量是 x。

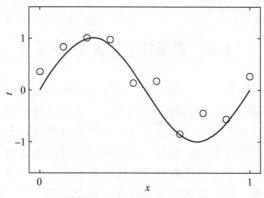

图 3.8　多项式回归

和线性回归一样，非线性回归的作用也是可以进行预测的。对于当前问题，应该设计一个非线性回归函数，当取到一个 x 后，能够通过非线性回归模型得到相应的 t。多项式回归即假设非线性回归模型是多项式函数。这样假设的原因是多项式函数是最简单、最容易构造的非线性函数。类似于线性回归的计算过程，可以通过以下步骤确定多项式函数。

第一步，考虑多项式函数，即因变量是由自变量的齐次函数构成的，并且最高阶为 $d-1$，即对一组数据中任一 $\boldsymbol{x}_i$，其预测 $\boldsymbol{y}_i$ 可以表示为

$$\boldsymbol{y}_i = \beta_0 + \beta_1 x_i^1 + \cdots + \beta_{d-1} x_i^{d-1} = \sum_{j=0}^{d-1} \beta_j x_i^j = \widetilde{\boldsymbol{x}}_i \boldsymbol{\beta}^{\mathrm{T}} \tag{3.14}$$

式中，$\widetilde{\boldsymbol{x}}_i = [1, x_i^1, \cdots, x_i^{d-1}]$；$\boldsymbol{\beta} = [\beta_0, \beta_1, \cdots, \beta_{d-1}]$。对比式（3.14）与式（3.10）之间的异同。

第二步，根据真实因变量值 $\boldsymbol{t}_i$，定义误差函数

$$\min_{\boldsymbol{\beta}} J = \min_{\boldsymbol{\beta}} \sum_{i=1}^{n} (\boldsymbol{y}_i - \boldsymbol{t}_i)^2 = \min_{\boldsymbol{\beta}} \sum_{i=1}^{n} (\widetilde{\boldsymbol{x}} \boldsymbol{\beta}^{\mathrm{T}} - \boldsymbol{t}_i)^2$$

$$= \min_{\boldsymbol{\beta}} \mathrm{tr}[(\boldsymbol{T} - \widetilde{\boldsymbol{X}} \boldsymbol{\beta}^{\mathrm{T}})(\boldsymbol{T} - \widetilde{\boldsymbol{X}} \boldsymbol{\beta}^{\mathrm{T}})^{\mathrm{T}}] \tag{3.15}$$

式中，$\widetilde{\boldsymbol{X}} = [\widetilde{\boldsymbol{x}}_1^{\mathrm{T}}, \widetilde{\boldsymbol{x}}_2^{\mathrm{T}}, \cdots, \widetilde{\boldsymbol{x}}_n^{\mathrm{T}}]^{\mathrm{T}}$；$\boldsymbol{T} = [\boldsymbol{t}_1, \boldsymbol{t}_2, \cdots, \boldsymbol{t}]$；$\mathrm{tr}(\cdot)$ 为取矩阵的迹，同样对比式

(3.15) 与式 (3.11) 之间的异同。

第三步，通过式 (3.15) 求解 $\boldsymbol{\beta}$，方法参见式 (3.12)。

对比多项式回归与线性回归可以发现，方法流程完全一致。只是在线性回归中，由多个自变量组成向量 $\widetilde{X}$，而在多项式回归中，是由一个自变量的不同齐次项组成向量 $\widetilde{X}$。

上文介绍了相关分析与回归分析，两者之间既有联系又有区别，可以总结为以下 2 点。

1) 在回归分析中，因变量处于被解释的地位，需要探索的是自变量对因变量的影响情况。而在相关分析中，变量没有因变量和自变量的区别，变量处于平等地位，即是研究两个变量之间的密切关系。

2) 相关分析主要研究的是两个或多个变量间线性相关的密切程度，而回归分析不仅可以解释自变量对因变量的影响程度，还可以由回归方程进行预测和控制。

3.4 数据的主成分分析

在相关性分析当中，谈到一个对象可能是由多个属性组成的。实际上，在现实生活当中，采集到的对象往往具有非常多的属性。例如，一幅图像可以视为一个对象，而这幅图像通常包括几百万个甚至几千万个像素点，每一个像素点都可以看作图像的一个属性；同样，一段文本包含成千上万个单词，而每一个单词可以看作文本对象的一个属性。

但很多时候会发现，对象的属性数量虽然可能非常多，但是许多属性之间是存在相关性的，如人的身高和体重，两个属性之间就存在着很大的相关性。这些相关的属性所带来的信息往往是重叠的。于是可以设想，能否把这些相关的属性删除掉一部分，从而发现一些比较重要的属性，降低数据分析的难度。

主成分分析就是这样一种方法，它希望能够从对象大量的属性当中找到一组少量的、不相关的，并且包含原数据大部分信息的属性集合。这些属性称为数据的主成分。

3.4.1 主成分分析形式化描述

假设对象集合 $X = [x_1, x_2, \cdots, x_n]$ 包含 n 个对象，每个对象 $x_i = [x_1, x_2, \cdots, x_D]$ 有 D 个属性（成分）。主成分分析（Principal Component Analysis，PCA）希望找到 d 个属性（主成分）使每个样本可以表示成 $[y_{i1}, y_{i2}, \cdots, y_{id}]$，这里 $d \leqslant D$，y_{ij} 称为 x_i 的第 j 个主成分。

如图 3.9 所示，假设现在对象有两个属性 P_1 和 P_2，如果将两个属性分别视为两个坐标轴，那么每个对象根据其在不同属性上的取值，都可以对应为二维平面上的一个点，点坐标为每个对象在两个属性上的取值，如图 3.9 (a) 所示。可以发现，对于这个对象集合，直接用属性 P_1 或 P_2 都不能很好地区分这些对象。也就是说，观察属性 P_1 或 P_2 是不能很好地分辨所有的对象的，因为可以发现有很多样本具有非常相近的 P_1 或 P_2 属性值。

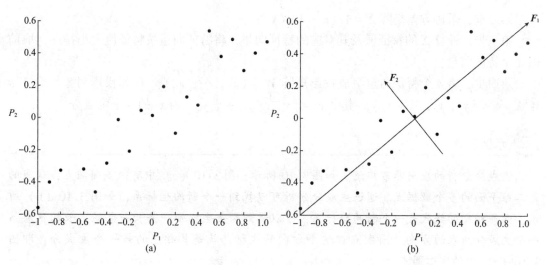

图 3.9 主成分分析示例
（a）点坐标；（b）坐标系

但如果利用 F_1 和 F_2 构成的坐标系，如图 3.9（b）所示，可以发现，只用对象在 F_1 轴上的坐标，即 F_1 轴代表的属性值，能够比较好地区分不同的对象。F_1 轴代表的属性值就是原对象集合的主成分，因为它保留了对象集合最多的信息，从而能够区分不同的对象。

实际上，主成分分析方法新的属性（新的坐标轴）必须满足以下要求。

1）坐标轴需要是单位向量，即 $F_i^t F_i = 1$，这样可以保证对象在坐标轴上的投影，从而直接代表属性值。

2）不同的坐标轴正交。不同属性的相关系数等于 0，即 $\rho(F_i, F_j) = 0$，从而使各个主成分之间不包含重复的信息。

3）主成分的方差应该依次减小，从而使主要的信息集中在保留的少数主成分上。从图 3.9（b）中可以发现，选择 F_1 作为主成分，是因为其能保留主要信息以区分对象。而对比可以发现，F_1 轴上属性值的方差要比 F_2 轴上属性值的方差大。根据前一章所学知识，方差是衡量数据离散程度的统计量，方差越大，数据散得越开。因此，方差越大，保留的信息就越多。

4）主成分的数量是根据各个主成分累积比例来确定的，一般累计比例定义的公式为

$$\sum_{i=1}^{d} \lambda_i / \sum_{i=1}^{D} \lambda_i > 85\% \tag{3.16}$$

式中，λ_i 代表协方差矩阵奇异值；d 是主成分的个数；D 是原属性的数量。也就是说，通过求解原对象集合的协方差矩阵的奇异值，然后按照式（3.16）计算，如果所得结果大于 85%，那么这时 d 就代表所需要找到的主成分的数量。

3.4.2 主成分分析主要步骤

总结主成分分析的算法步骤。假设对象集合 $X = [x_1, x_2, \cdots, x_n]$ 包含 n 个对象，每个对象 $x_i = [x_{i1}, x_{i2}, \cdots, x_{iD}]$ 有 D 个属性。

第一步，对数据集 X 进行零均值化，即 $X = [x_1 - \mu, x_2 - \mu, \cdots, x_n - \mu]$，其中 μ 为对象集合的均值，即 $\mu = \sum_{i=1}^{n} x_i / n$；

第二步，求协方差矩阵 $\Sigma = 1/(n-1)XX^T$；

第三步，计算 Σ 的特征值及其对应的特征向量，将特征向量按特征值大小排序，取前面 d 个特征向量；

第四步，将 d 个特征向量组成投影矩阵 $W = (w_1, \cdots, w_d)$，计算投影对象集合 $Y = W^T X$。$Y = [y_1, y_2, \cdots, y_n]$，其中 $y_i = [y_{i1}, y_{i2}, \cdots, y_{id}]$ 为 x_i 的 d 个主成分。

示例 3.6

主成分分析的应用非常广泛。如图 3.10 所示，图 3.10（a）中有很多圆圈点，代表的是二维平面的多个数据点。通过主成分分析可以找到一个新的坐标系，如图 3.10（b）所示，两条相交的线代表一个新的坐标系，可以看到两条坐标轴一条长一条短，长的代表第一个主成分所在的方向。圆圈点在这个方向的坐标，就是其相应的第一个主成分，即图 3.10（c）中的实心圆点。

图 3.10（d）中有很多人脸照片，每一张人脸的照片包含 1 024 个像素（属性）。假设通过 PCA 找到了 36 个坐标轴组成的坐标系，将每个坐标轴的单位向量显示在图 3.10（e）中，可以看到很多类似人脸的图片。在图 3.10（f）中显示的是图 3.10（d）中人脸照片的 36 个主成分，通过对比相应位置上的人脸照片，可以发现每一张人脸照片的主要信息都保留下来了。

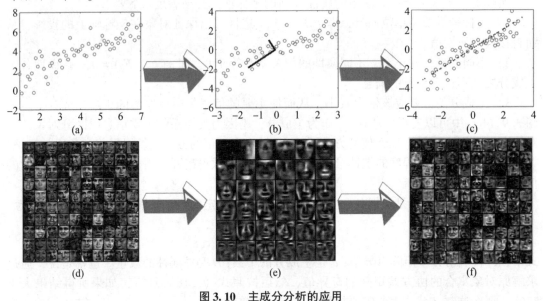

图 3.10 主成分分析的应用

（a）二维平面数据点；（b）坐标系；（c）主成分；（d）人脸照片；（e）坐标轴单位向量；（f）36 个主成分

3.5 数据的关联分析

20 世纪 90 年代，全球零售业巨头沃尔玛超市在分析销售数据的时候发现了一个令人难以理解的现象，在某些特定的情况下，啤酒和尿布这两件看上去毫无关系的商品经常会被同时购买,即出现在同一个购物篮中,且购买者大都是年轻的父亲。由此,沃尔玛就尝试将啤酒和尿布两件商品放在相近的区域,让年轻的父亲方便购买,从而极大提高了这两件商品的销售收入。

啤酒和尿布这个案例非常出名。这种通过分析顾客的购物篮来改善货品的摆放位置从而提高业绩的方法,称为购物篮分析。而购物篮分析实际上就是通过关联分析来实现的。

> **小知识**
>
> 购物篮分析实际上还分成美式购物篮分析和日式购物篮分析。美式购物篮分析主要是找出购物篮中商品之间关系的方法,然后采用不同货品的摆放策略。因为美国的大超市通常都很大,一个人同时想要购买两件商品,如果将两件商品放得很远,那么他在买到一件商品后想寻找另外一件商品会花很多时间,可能就不愿意去购买另外一件商品了。因此,如果将两件商品放在一起,会促进两件商品的销售。日式购物篮分析的是所有影响商品销售的关联因素,如天气、温度、时间、事件、客户群体等,这些因素称为商品相关性因素。在日本会有气温—碳酸饮料指数、空调指数、冰激凌指数,7-11便利店会设置专门的气象部门,甚至门店被要求每天5次将门店内外的温度、湿度上传回总部,供总部进行对比分析。

3.5.1 基本概念

关联分析是指发现数据集合中出现的关联规则。发现关联规则的方法通常称为关联规则分析或关联规则挖掘。在介绍关联规则挖掘之前,先要引入以下概念。

1. 事务数据库

一个事务数据库,可以表示成一张二维表格,如表3.2所示。表格分成两列,左列为事务编号,右列为事务项。表格包含4行,每一行称为一个事务,表中框出来的就是编号为T_2的事务,里面包含了事务项I_2、I_3、I_5。

表3.2 事务数据库示例

TID(事物编号)	Items(事务项)
T_1	I_1,I_3,I_4
T_2	I_2,I_3,I_5
T_3	I_1,I_2,I_3,I_5
T_4	I_2,I_5

2. 频繁项

频繁项是指在事务数据库当中频繁出现的事务项。如果频繁项是由多个事务项组成的,并且其中事务项个数是k,则称为k频繁项。假设要求出现次数为2次以上的事务项,才能称为频繁项,那么在表3.2中,由于I_3出现了3次,因此I_3可以称为1频繁项。同样,I_2和I_5也是1频繁项。

3. 支持度

一个事务项成为频繁项所需要出现的最少次数与事务总数的比值称为支持度。在事务

项集合 T 中，事务项 I 的支持度定义为

$$sup(I) = \frac{\sigma I}{N}, \quad \sigma I = |\{t_i \mid I \subseteq t_i, \ t_i \subseteq T\}| \tag{3.17}$$

4. 关联规则

关联规则是指一种有关联的规则，可以描述 $A \to B$。这里事务项 A 和 B 分别称为关联规则的前件和后件。

关联规则的支持度是指在所有事务中同时出现 A 和 B 的概率，其等于 A 和 B 同时出现的次数除以事务的总数，公式为：

$$sup(A \to B) = \frac{\sigma(A \cup B)}{N} \tag{3.18}$$

在关联规则中，前件出现时后件同时出现的概率定义为关联规则的置信度，其等于 A 和 B 同时出现的次数除以 A 出现的次数，即

$$con(A \to B) = \frac{\sigma(A \cup B)}{\sigma(A)} \tag{3.19}$$

5. 强关联规则

如果一个关联规则 $A \to B$ 满足 $sup(A \to B) \geq \min(sup)$，且 $con(A \to B) \geq \min(con)$，则称该规则为强关联规则，其中 $\min(sup)$，$\min(con)$ 分别为最小支持度和最小置信度。

3.5.2 Aprior 算法

有了以上的相关概念，可以来介绍关联规则的挖掘算法，即著名的 Aprior 算法。它被称为数据挖掘的十大算法之一①。

以表 3.2 来介绍 Aprior 算法。首先，假设最小支持度为 50%，观察事务数据库，里面包含了 4 个事务，因此最小支持度的计数应该是 $4 \times 50\% = 2$。

Aprior 算法流程如下。

第一步，扫描整个事物数据库，将所有的 1 项集（包含一个事务项的集合）罗列出来，得到 C_1。C_1 左侧代表的是只包含一个事务项的 1 项集，注意这里并没有确认其都为频繁项集。然后对这些一项集，分别在原事物数据库当中去计算它们出现的次数，产生所谓的 1 频繁项集，记录形成 L_1。如图 3.11 所示。

C_1

项集	支持度计数
$\{I_1\}$	2
$\{I_2\}$	3
$\{I_3\}$	3
$\{I_4\}$	1
$\{I_5\}$	3

比较候选项支持度计数与最小支持度计数，产生 1 频繁项集 L_1

L_1

项集	支持度计数
$\{I_1\}$	2
$\{I_2\}$	3
$\{I_3\}$	3
$\{I_5\}$	3

图 3.11 第一步示意

第二步，在 L_1 中任意选择两个元素，组成 2 项集，得到 C_2。在 C_2 中将任意 2 项集，

---

① 数据挖掘十大算法是在 2006 年的国际数据挖掘大会上提出来的，这些算法都非常著名，除了 Aprior，还包括 KNN、K-Means、C4.5、CART、SVM、EM、PageRank、Naive Bayes、AdaBoost。

在原事物数据库中再扫描,对比最小支持度计数,过滤掉支持度小于最小支持度计数的 2 项集,得到 2 频繁项集,记录在 L_2 中。如图 3.12 所示。

C_2
项集
$\{I_1,I_2\}$
$\{I_1,I_3\}$
$\{I_1,I_5\}$
$\{I_2,I_3\}$
$\{I_2,I_4\}$
$\{I_2,I_5\}$

扫描原事物数据库,对每个候选项集进行支持度计数

L_2	
项集	支持度计数
$\{I_1,I_2\}$	1
$\{I_1,I_3\}$	2
$\{I_1,I_5\}$	1
$\{I_2,I_3\}$	2
$\{I_2,I_4\}$	3
$\{I_2,I_5\}$	2

图 3.12　第二步示意

以此类推,可以在 L_2 中选择任意 3 个元素组合成 3 项集,再在原事物数据库中记录这些 3 项集出现的次数,最后发现支持度大于 2 的 3 项集只有 $\{I_2,I_3,I_5\}$,即为 3 频繁项。由此通过事务项的组合,可以产生相应的规则,如 $\{I_2\} \to \{I_3,I_5\}$ 或 $\{I_2,I_3\} \to \{I_5\}$ 等。在现实问题中,可以根据具体情况生成合理的规则。

3.6　数据的决策分析

信息分析的作用实际上都是用来发现数据中蕴藏的规律,从而帮助人们进行决策。本章前面所讨论的内容都没有涉及最终的决策,故本节专门讨论数据的决策分析。

3.6.1　概念

在金融领域,近年来个人消费贷款呈现出多元化的趋势。对金融机构来说,违约风险指的是贷款人不能按时归还贷款债务的风险。在申请贷款的时候,银行就需要对申请人进行评价,从而判断给哪些人贷款是安全的,给哪些人贷款是有风险。这个问题实际上就是根据贷款者的相关信息将贷款者分成"安全"和"有风险"两类。因此,决策分析问题实际上是根据对象具有的相关数据,将对象划分到相应的类别中去。在数据分析领域,决策分析也称为数据分类。

通常情况下,一个完整的数据分类过程包括两步,第一步为训练模型,即利用已知的数据建立一个分类模型。这里所说的模型的含义非常宽泛,它既可以是常见的解析函数,也可以是一个神经网络,还可以是由一系列的推理规则组成的规则集合。第二步为对象分类,也就是利用训练得到的模型将对象划分到相应的类别中去。

3.6.2　决策树

从上文阐述中可以发现,模型在决策分析过程中起到至关重要的作用。实际上,决策模型或者说分类模型有很多种,但和本课程最相关的就是决策树分类模型,它是基于信息熵计算构造得到的。典型的决策树如图 3.13 所示。

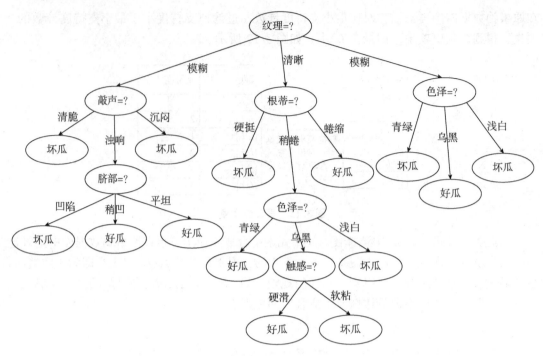

图 3.13 典型的决策树

图 3.13 表示的是抽象意义上的树,其形状和自然界中的树正好是相反的。图中最顶端节点称为根节点,最底层节点为叶子节点,其余节点称为中间节点。图中从根节点到叶子节点,由箭线可以连接成一条路径。这棵决策树可以解决根据西瓜的相关属性来判断西瓜是好瓜还是坏瓜的问题。它的根节点以及内部节点记录的是西瓜的相关属性,而叶子节点记录的则是西瓜是好瓜还是坏瓜的决策。可以看到,从根节点到某一个叶子节点所形成的路径,构成了一条推理规则。例如,从"纹理"节点出发,沿着"清晰"分支,可以走到"根蒂"节点,再沿着"蜷缩"分支,最后走到叶子节点"好瓜"。因此,可以形成相应的规则,即 if 纹理=清晰 and 根蒂=蜷缩 then 西瓜=好瓜。其他路径同样代表了不同的规则。于是,当有一个新的西瓜时,首先可以观察它的纹理,如果其纹理是清晰的,则再观察它的根蒂;如果其根蒂是蜷缩的,就能够判断这是一个好瓜。

接下来介绍决策树的构造过程。先来回顾一些相关的概念,如表 3.3 所示。

表 3.3 根据天气状况决定是否打网球

Day	Outlook	Temperature	Humidity	Wind	Play Tennis
Day1	Sunny	Hot	High	Weak	No
Day2	Sunny	Hot	High	Strong	No
Day3	Overcast	Hot	High	Weak	Yes
Day4	Rain	Mild	High	Weak	Yes
Day5	Rain	Cool	Normal	Weak	Yes
Day6	Rain	Cool	Normal	Strong	No
Day7	Overcast	Cool	Normal	Strong	Yes

续表

Day	Outlook	Temperature	Humidity	Wind	Play Tennis
Day8	Sunny	Mild	High	Weak	No
Day9	Sunny	Cool	Normal	Weak	Yes
Day10	Rain	Mild	Normal	Weak	Yes
Day11	Sunny	Mild	Normal	Strong	Yes
Day12	Overcast	Mild	High	Strong	Yes
Day13	Overcast	Hot	Normal	Weak	Yes
Day14	Rain	Mild	High	Strong	No

表中记录的是第 1~14 天的天气状况，以及某个人是否会打网球的决策。Outlook、Temperature、Humidity、Wind 是条件属性，Play Tennis 是决策属性。因此，从表中信息可以推论，天气状况决定是否会打网球，即这个人是根据天气做出是否打网球的决策。对照决策树的定义，可以设想，由这张表格构造的决策树，其内部节点就是条件属性，而叶子节点就是相应的决策属性，根据根节点到叶子节点所形成的一条路径就可以视为根据天气状况来决定是否打网球。

决策树的构造算法有很多种，这里主要介绍 ID3 算法。继续用表 3.3 来说明，如何使用 ID3 算法构造一棵决策树。

根据天气状况决定是否打网球，那么从信息论的角度来看，天气状况就可以消除是否打网球的不确定性，因此天气状况可以视为一种信息。现在，天气状况包括 4 个属性，每一个属性可以计算出其包含的不同信息量，而信息量最大的这个属性最先用来判断是否打网球。

那么，如何计算每一个天气状况属性的信息量？假设未获得任何天气状况属性，那么表中只有决策属性。当前信息表中包括 14 个对象，其中 9 个对象的决策属性为 Play Tennis＝Yes（在数据挖掘领域，称为正样本）。5 个对象的决策属性为 Play Tennis＝No（称为负样本）。因此，打网球事件出现的状态为（Yes，No），相应的概率分别为（9/14，5/14），相应的信息熵为

$$H(D) = -\frac{9}{14} \times \log\frac{9}{14} - \frac{5}{14} \times \log\frac{5}{14} = 0.940 \text{ bit}$$

将每个天气状况属性视为一条信息，即根据一种天气状况来判断是否打网球。可以发现，在属性 Outlook 中，如果其状态为 Sunny，则正样本数为 2，负样本数为 3；状态为 Overcast，则正样本数为 4，负样本数为 0；状态为 Rain，则正样本数为 3，负样本数为 2。于是，可以考虑每种天气状态下的不确定性，并乘以相应样本比例，属性 Outlook 的信息熵为

$$H(\text{Outlook}) = \frac{5}{14} \times \left(-\frac{2}{5}\log\frac{2}{5} - \frac{3}{5}\log\frac{3}{5}\right) + \frac{4}{14}\left(-\frac{4}{4}\log\frac{4}{4}\right) +$$
$$\frac{5}{14} \times \left(-\frac{3}{5}\log\frac{3}{5} - \frac{2}{5}\log\frac{2}{5}\right) = 0.694 \text{ bit}$$

可知属性 Outlook 具有的信息量为 $I(\text{Outlook}) = 0.940 \text{ bit} - 0.694 \text{ bit} = 0.246 \text{ bit}$。同样可以计算其他属性的信息熵，并得到其他各个属性的信息量：$I(\text{Temperature}) = 0.029 \text{ bit}$，

$I(\text{Humidity}) = 0.151$ bit，$I(\text{Wind}) = 0.048$ bit。

因此，Outlook 属性对是否打网球影响最大。在决策树构造过程当中，可以用 Outlook 属性构造成决策数的根节点，然后将原表以 Outlook 取值分解成多张子表，如表 3.4 所示。

表 3.4（a）　Outlook 属性取值 Sunny

子表A

Day	Outlook	Temperature	Humidity	Wind	Play Tennis
1	Sunny	Hot	High	Weak	No
2	Sunny	Hot	High	Strong	No
8	Sunny	Mild	High	Weak	No
9	Sunny	Cool	Normal	Weak	Yes
11	Sunny	Mild	Normal	Strong	Yes

表 3.4（b）　Outlook 属性取值 Overcast

子表B

Day	Outlook	Temperature	Humidity	Wind	Play Tennis
3	Overcast	Hot	High	Weak	Yes
7	Overcast	Cool	Normal	Strong	Yes
12	Overcast	Mild	High	Strong	Yes
13	Overcast	Hot	Normal	Weak	Yes

表 3.4（c）　Outlook 属性取值 Rain

子表C

Day	Outlook	Temperature	Humidity	Wind	Play Tennis
4	Rain	Mild	High	Weak	Yes
5	Rain	Cool	Normal	Weak	Yes
6	Rain	Cool	Normal	Strong	No
10	Rain	Mild	Normal	Weak	Yes
14	Rain	Mild	High	Strong	No

观察 3 张子表，在表 3.4（a）当中，所有样本的 Outlook 属性取值都是 Sunny，表 3.4（b）、表 3.4（c）中 Outlook 属性的取值分别是 Overcast 和 Rain，可以计算除 Outlook 以外其余属性的信息量，选择信息量最大的那个属性作为每棵决策子树相应的根节点。一直重复相同的操作，直到子表的长度为 1 或者子表当中所有元素的决策属性都一致，这样就完成了决策树的构造，如图 3.14 所示。

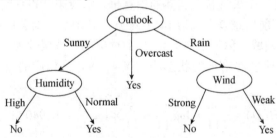

图 3.14　决策树构造

通过以上的介绍，可以发现，使用决策树方法进行决策分析或者数据分类，主要包括以下 2 个步骤。

1）利用已有的数据构造出决策树模型；
2）利用构造好的决策树进行对象分类或者决策判断。

实际上，还存在着另外的数据分类或者决策分析方法是不需要预先构造决策模型的，这些方法称为惰性分类方法。

3.6.3　惰性分类方法

惰性分类方法是在样本分类过程当中直接构造模型来对样本分类的。K 近邻方法就是具有代表性的惰性分类方法，其中 K 是一个常数。

在介绍 K 近邻方法之前，先来介绍一个概念——距离。实际上，距离这一概念在现实生活当中时时刻刻都能听到，但在数据分析中有另外一层含义。假设一个具有 D 个属性的对象，按照第 2 章中的知识，可以将这个对象看作 D 维空间当中的一个点，而两个不同的对象分别对应了 D 维空间当中的两个样本点。因此可以度量这两个 D 维空间中点的距离。假设 $x_i=(x_{i1}, x_{i2}, \cdots, x_{iD})$，$x_j=(x_{j1}, x_{j2}, \cdots, x_{jD})$ 为两个 D 维对象，则 x_i 与 x_j 在 D 维空间中的距离可以定义为

$$Dist(x_i, x_j) = \sqrt{\sum_{k=1}^{D}(x_{ik}-x_{jk})^2} \qquad (3.20)$$

式（3.20）定义的距离称为欧氏距离。在计算欧氏距离之前，可以将样本每个属性进行最大-最小规范化（离差标准化），这样有助于防止具有较大值域的属性影响距离计算。

了解了距离这一概念后，接下来介绍 K 近邻分类。对于一个需要分类的对象，可以通过欧氏距离，在已知对象集合中找到与其距离最近的 K 个对象，这 K 个对象中属于哪一类的对象最多，那么需要分类的对象就应该属于这一类。这实际上是一个简单的常识，即和待分类对象距离近的对象，应该和待分类对象具有相同的特性，那么这些具有相同特性的对象是什么类别的，这个待分类对象也应该具有什么样的类别。

  示例3.7

现在有两张照片，一张照片是 John，另一张照片是 Jack，现在有一张新的照片，如何判断这张照片是谁的？这里可以利用 K 近邻分类方法。一张照片实际上是由很多个像素点组成的，假设有 10 000 个像素，那么照片 John 和照片 Jack 都对应了 10 000 维空间当中的点。现在，对于这张新照片，同样也对应了 10 000 维空间当中的点，这个点可以和照片 John 对应的点以及照片 Jack 对应的点分别去计算欧氏距离。如果这张照片与照片 John 所对应的点的欧式距离比较小，那么新照片就应该和照片 John 是同一类，也就是 John 的照片。可以想象，这里 $K=1$，如图 3.15 所示。

John　　　　　　Jack　　　　　Who is he?

图 3.15　K 近邻分类示例

3.6.4　多准则决策分析

决策树方法和 K 近邻分类方法，主要考虑在面对单一准则的情况下（如决策的准确性）如何进行决策，这种决策称为单准则决策。但是在现实情况下决策者需要考虑多重的标准，以及需要在多重标准下制定出最好的决策，即所谓的多准则决策。例如，一个公司考虑需要为新厂房确定地点，不同的地点的成本和施工费用差别很大，所以建厂房相关的

成本是选择最好地点的一个标准。除此之外，还要考虑厂房到公司配送中心的交通是否便利，所选的地点在招聘和留住人员上是否会有吸引力，以及所选地点的能源成本和当地的税率等。如何在这样的多个标准下制定出最好策略，这就是多准则决策。

1. 计分模型

解决多准则决策问题的第一个方法称为计分模型。计分模型是一种较为快捷、简便的方法，通过以下例子可以说明计分模型是如何进行多准则决策的。

示例3.8

假设有一个即将毕业的大学生，拥有金融和计算机双学位，收到以下3个职位的录取通知。

1）位于上海的一家投资公司的金融分析师；
2）位于杭州的一家著名互联网公司的软件工程师；
3）位于深圳的一家创业公司的数据分析师。

这位学生认为上海的投资公司能够为他长期职业生涯提供最好的发展机会，但是他更喜欢杭州的生活环境，此外他还对深圳创业公司的氛围感到非常动心。请问：他应该如何选择？

要解决示例3.8中的问题，先介绍计分模型的一般步骤。计分模型一般分成以下5个步骤。

1）列出需要考虑的标准清单。标准就是决策者在估量每个决策方案时需要考虑的相关因素。
2）给每个标准设置一个权重，表示标准的相对重要性，假设w_i表示标准i的权重。
3）对各项标准进行排序，表示每个决策方案满足标准的程度，假设r_{ij}表示标准i和决策方案j的等级。
4）计算每个决策方案的得分，假设S_j代表决策方案j的得分，即$S_j = \sum_i w_i r_{ij}$。
5）将决策方案从高到低排序，最高分就是所推荐的方案。

回到示例3.8，按照计分模式的步骤进行分析。

第一步，可以列出以下7个标准作为决策中的重要因素：①职位晋升；②工作地点；③管理风格；④薪水；⑤声望；⑥工作安全；⑦工作乐趣。

第二步，对这7个标准设置相应的权重，权重表示该标准在相应的决策当中的重要性。得到五分制表及要素权重表。

五分制表是重要程度的权重设置，如表3.5所示。根据重要程度，给出相应的权重，"十分重要"的权重是5，"无关紧要"的权重是1。要素权重表示根据要素重要性进行相应的赋值，如表3.6所示。假设"职位晋升"十分重要，那么相应的权重是5，"工作地点"一般重要，其相应的权重就是3，最后的"工作乐趣"十分重要，因此权重也是5。

表 3.5 五分制表

重要程度	权重
十分重要	5
颇为重要	4
一般重要	3
不太重要	2
无关紧要	1

表 3.6 要素权重表

标准	重要性	权重值（w_i）
职位晋升	十分重要	5
工作地点	一般重要	3
管理风格	颇为重要	4
薪水	一般重要	3
声望	不太重要	2
工作安全	颇为重要	4
工作乐趣	十分重要	5

第三步，每个决策方案按满足某种标准的程度排序。假设这里采用九分制评分。按照"职位晋升"这个标准，对3个工作的录取通知可以进行排序。可以这样考虑，在"职位晋升"标准下，上海投资公司的金融分析师这个职位的满意程度是什么？如果答案是"非常高"，则得分为8分。对决策方案和决策标准的每个组合都可以进行这样的计分过程，考虑7个标准以及3个决策方案，有21个等级需要进行评定，最后可以得到表3.7和表3.8所示表格。

表 3.7 九分制表

满意程度	等级
极高	9
非常高	8
高	7
较高	6
一般	5
较低	4
低	3
很低	2
极低	1

表 3.8 决策方案评分表

标准	决策方案		
	上海的金融分析师	杭州的软件工程师	深圳的数据分析师
职位晋升	8	6	4
工作地点	3	8	7
管理风格	5	6	9
薪水	6	7	5
声望	7	5	4
工作安全	4	7	6
工作乐趣	8	6	8

可以发现在表 3.8 中，上海金融分析师的这个职位的"工作地点"的满意度是最低的，得分为 3 分。深圳的数据分析这个职位的"管理风格"是最令人满意的，因此得分为 9 分。

第四步，为每个决策方案打分，即 $S_j = \sum_i w_i r_{ij}$。可以计算得到，上海金融分析师职位的分数为 $S_1 = 157$。同样可以计算杭州软件工程师和深圳数据分析师职位的得分，分别为 $S_2 = 167$ 以及 $S_3 = 149$。因此对于示例 3.8，应该选择杭州的软件工程师职位。

以上就是计分模型的计算过程。需要说明的是，计分模型是比较简单的多准则决策问题的分析模型。要解决复杂多准则决策问题，需要使用层次分析法。

2. 层次分析法

层次分析法（Analytic Hierarchy Process，AHP）要求决策者对每个标准的相对重要性进行判断。而计分模型是对每个标准的绝对重要性进行判断，因此会带有很大的主观性。此外，AHP 利用每个标准，得出对每种决策方案的偏好程度，然后输出一个优先级排列的决策方案列表，最后可以在决策方案列表当中选择相应的方案。

同样通过一个例子来说明如何利用 AHP 来进行多准则决策。

示例 3.9

Tom 准备购买汽车，进行初步筛选后，他准备在以下几辆车中进行选择：本田、别克、雪佛兰。Tom 认为选车最终决策与以下标准有关：①价格；②MLK（每升油公里数）；③舒适性；④样式。

3 辆车的基本信息如表 3.9 所示。

表 3.9 汽车信息表

特征	决策方案		
	本田	别克	雪佛兰
价格/美元	13 100	11 200	9 500
样式	黑	红	蓝
MLK	19	23	28
舒适性	高档	普通	标准

表 3.9 中列出的价格和 MLK 这两个关键因素是可以度量的，但舒适性和样式则无法直接度量。这两个因素受到 Tom 的主观影响非常大。此外，即使像价格这样容易测定的标准，决策者在基于价格进行决策时，仍然难以避免主观性。例如，本田比雪佛兰高出 3 600 美元。3 600 美元对有些人来说意味着一大笔钱，而对另一些人来说，可能算不上什么。AHP 的优点在于，当一个决策者的独特主观判断构成决策过程的重要部分时，它仍然有效。

接下来介绍 AHP 的具体过程。

（1）构建层次

这里以图的方式来表示问题的总体目标。总体目标是选择最好的车，所以第一层就是选出最好的车。在这个目标下面去考虑 4 个标准，因此价格、MLK、舒适性、样式这 4 个标准位于第二层，在每个标准下考虑相应的决策，则相应的决策位于第三层，如图 3.16 所示。

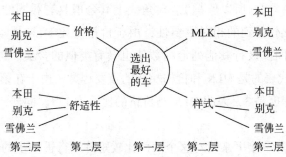

图 3.16　分层模型

（2）运用数学方法，综合给出每条标准的偏好

对于示例 3.9 来说，就是回答 4 个标准是如何帮助实现选出最好的车这样一个总体目标。因此，需要解决以下 4 个问题。

1）如何用价格来比较 3 辆车。
2）如何用 MLK 来比较 3 辆车。
3）如何用舒适性来比较 3 辆车。
4）如何用样式来比较 3 辆车。

为了解决以上 4 个问题，需要完成以下 5 部分工作。

1）对标准进行两两比较，找到相对重要的标准，并确定重要性。例如，价格和 MLK 相比，如果价格更重要，那么其重要程度又达到多少？如图 3.17 所示。

描述	数值等级
极重要	9
	8
非常重要	7
	6
很重要	5
	4
较重要	3
	2
同等重要	1

4个标准进行两两比较

两两比较	更重要标准	重要程度	数值等级
价格—MLK	价格	较重要	3
价格—舒适性	价格	高于同等重要	2
价格—样式	价格	高于同等重要	2
MLK—舒适性	舒适性	高于较重要	4
MLK—样式	样式	高于较重要	4
舒适性—样式	样式	高于同等重要	2

图 3.17　标准两两比较

2）确定标准优先级，构造两两比较矩阵。按照两两比较结果，构造两两比较矩阵，如表 3.10 所示。

表 3.10　两两比较矩阵

标准	价格	MLK	舒适性	样式
价格	1	3	2	2
MLK	1/3	1	1/4	1/4
舒适性	1/2	4	1	1/2
样式	1/2	4	2	1

可以观察到，这个矩阵的对角线都是 1，第 1 行第 1 列代表的是价格和价格进行比较，很显然重要程度是一样的，所以值是 1，对角线上其余值具有相同的含义。第 1 行第 2 列是价格和 MLK 进行比较得到的相对重要性，由于价格要比 MLK 更重要，并且根据考虑，重要程度达到了 3。同样该行其他列上的数值也具有类似的含义。再观察第 2 行第 1 列，其数值为 1/3，这里代表的是 MLK 和价格相比的重要程度。由于在第一行中，确定了价格和 MLK 相比的重要程度是 3，因此 MLK 与价格的比值为 1/3。同样，可以理解其他小于 1 的值的含义。

有了两两比较矩阵，接下来就对这个两两比较矩阵进行进一步的处理，即求出这个矩阵最大特征值所对应的特征向量，这个特征向量的每个分量代表每个标准的重要性。求解特征向量和特征值是一个比较困难的操作，这里可以提供一个比较简单的解法。

第一步，对矩阵每列求和，可得表 3.11。表中最后一行的数值是原本的两两比较矩阵的每一列的值相加得来的。

表 3.11　两两比较矩阵列求和

标准	价格	MLK	舒适性	样式
价格	1	3	2	2
MLK	1/3	1	1/4	1/4
舒适性	1/2	4	1	1/2
样式	1/2	4	2	1
	2.333	12.000	5.250	3.750

第二步，对矩阵的每一项都除以它所在列的总和，可得表 3.12。

表 3.12　表 3.11 所示矩阵运算结果

标准	价格	MLK	舒适性	样式
价格	0.429	0.250	0.381	0.533
MLK	0.143	0.083	0.048	0.067
舒适性	0.214	0.333	0.190	0.133
样式	0.214	0.333	0.381	0.267

第三步，矩阵的每一行求平均数，得到表 3.13。表中最后一列就是优先级，每一个标准的优先级就是该标准的相对重要性。可以发现，价格的优先级是 0.398，样式的优先级是 0.299。由此可以得出，价格是买车最重要的标准，样式排第 2，舒适性排第 3，MLK 排最后。

表 3.13 优先级计算结果

标准	价格	MLK	舒适性	样式	优先级
价格	0.429	0.250	0.381	0.533	0.398
MLK	0.143	0.083	0.048	0.067	0.085
舒适性	0.214	0.333	0.190	0.133	0.218
样式	0.214	0.333	0.381	0.267	0.299

第四步，判断优先级的合理性。有了优先级，需要判断这些优先级的计算是否合理，即要判断两两比较矩阵的一致性。一致性是指如果标准 A 相比于标准 B 的数值等级为 3，且标准 B 相比于标准 C 的数值等级为 2，比较尺度一致，那么标准 A 相比于标准 C 的数值等级应该为 6。如果决策给出的标准 A 相比于标准 C 的等级为 4 或者 5，那么两两比较中就存在不一致了。AHP 测量一致性的方式是计算一致性比率，若一致性比率小于 0.1，则表明两两比较一致性合理。

第五步，一致性计算。一致性计算通常分为以下 5 个步骤。

① 将两两比较矩阵中的每一列分别乘以对应标准的优先级，即

$$0.398 \times \begin{bmatrix} 1 \\ 1/3 \\ 1/2 \\ 1/2 \end{bmatrix} + 0.085 \times \begin{bmatrix} 3 \\ 1 \\ 4 \\ 4 \end{bmatrix} + 0.218 \times \begin{bmatrix} 2 \\ 1/4 \\ 1 \\ 2 \end{bmatrix} + 0.299 \times \begin{bmatrix} 2 \\ 1/4 \\ 1/2 \\ 1 \end{bmatrix}$$

$$= \begin{bmatrix} 0.398 \\ 0.133 \\ 0.199 \\ 0.199 \end{bmatrix} + \begin{bmatrix} 0.255 \\ 0.085 \\ 0.340 \\ 0.340 \end{bmatrix} + \begin{bmatrix} 0.436 \\ 0.054 \\ 0.218 \\ 0.436 \end{bmatrix} + \begin{bmatrix} 0.598 \\ 0.075 \\ 0.149 \\ 0.299 \end{bmatrix} = \begin{bmatrix} 1.687 \\ 0.347 \\ 0.907 \\ 1.274 \end{bmatrix}$$

② 将得到的加权和向量除以对应标准的优先级，即

价格：$\dfrac{1.687}{0.398} = 4.239$

MLK：$\dfrac{0.347}{0.085} = 4.082$

舒适性：$\dfrac{0.907}{0.218} = 4.160$

样式：$\dfrac{1.274}{0.299} = 4.261$

③ 计算由上一步得到的数值的平均值，即

$$\lambda_{\max} = \frac{(4.239 + 4.082 + 4.160 + 4.261)}{4} = 4.185$$

④计算一致性 CI，即

$$CI = \frac{\lambda_{\max} - n}{n - 1} = \frac{4.185 - 4}{4 - 1} = 0.0616$$

⑤计算一致性比例 CR，即

$$CR = \frac{CI}{RI}$$

这里 RI 表示一个随机生成的两两比较矩阵的一致性，RI 的大小取决于该比较项的个数，如表 3.14 所示。

表 3.14 一致性 RI 值

n	3	4	5	6	7	8
RI	0.58	0.90	1.12	1.24	1.32	1.41

示例 3.9 选车问题中有 4 个标准，即 $n=4$，因此 RI=0.90。一致性比率为

$$CR = \frac{CI}{RI} = \frac{0.0616}{0.90} = 0.068 < 0.1$$

因此，示例 3.9 构造的两两比较矩阵的一致性合理。需要注意的是，到现在并没有决定应该选的那辆车。

第六步，在每个标准下两两比较 3 辆车的优先级，仿照前面的步骤可以得到 4 个标准下的 4 个两两比较矩阵，如表 3.15 所示。

表 3.15（a） 价格

价格	本田	别克	雪佛兰
本田	1	1/3	1/4
别克	3	1	1/2
雪佛兰	4	2	1

表 3.15（b） MLK

MLK	本田	别克	雪佛兰
本田	1	1/4	1/6
别克	4	1	1/3
雪佛兰	6	3	1

表 3.15（c） 舒适性

舒适性	本田	别克	雪佛兰
本田	1	2	8
别克	1/2	1	6
雪佛兰	1/8	1/6	1

表 3.15（d） 样式

样式	本田	别克	雪佛兰
本田	1	1/3	4
别克	3	1	7
雪佛兰	1/4	1/7	1

对上图的每一张表格都进行前面所述的一系列的操作，最后可以得到在每个标准下车辆的优先级，如表 3.16 所示。

表 3.16 每个标准下车辆的优先级

品牌	价格	MLK	舒适性	样式
本田	0.123	0.087	0.593	0.265

续表

品牌	价格	MLK	舒适性	样式
别克	0.320	0.274	0.341	0.656
雪佛兰	0.557	0.639	0.065	0.080

（3）建立综合优先排名

示例3.9中，利用标准优先级乘以在相应标准下车辆的不同优先级。

1）本田的优先级：$0.398 \times 0.123 + 0.085 \times 0.087 + 0.218 \times 0.593 + 0.299 \times 0.265 = 0.265$。

2）别克的优先级：$0.398 \times 0.320 + 0.085 \times 0.274 + 0.218 \times 0.341 + 0.299 \times 0.656 = 0.421$。

3）雪佛兰的优先级：$0.398 \times 0.557 + 0.085 \times 0.639 + 0.218 \times 0.065 + 0.299 \times 0.080 = 0.314$。

可以发现，别克的优先级最高，故Tom应该选择别克车。

3.7　数据的聚类分析

数据分析中最后一部分内容为聚类分析。什么是聚类分析呢？大家都听过"物以类聚"这个词，意思是相似的对象应该要归到同一类里面。对于聚类分析来说，就是将数据分成不同的组，使组内数据具有较高的相似性，而不同的组之间具有较低的相似性。下面主要介绍K均值聚类。

实现聚类目标，也有很多种方法。其中最为著名的方法就是K均值聚类算法（简称K-Means），它是数据挖掘的十大算法之一。假设现在有n个对象，要按照物以类聚的原则，将它们分成K个组（在聚类中，也称为簇）。K均值聚类的流程具体描述如下。

1）随机初始化K个簇中心。也就是说，在对象集合中任意选择K个对象作为初始的簇中心。

2）计算剩余对象到K个簇中心相应的欧氏距离，将对象划分到与其最近的中心所代表的那一簇中。

3）对划分好的每一簇重新计算簇中心，即计算每一簇对象集合的均值。如果这时计算出来的新的簇中心和原本的簇中心相关比较大，即距离比较远时，则跳转到第2）步，重新进行簇的划分。如果簇中心变化不大，则结束循环。

K均值聚类算法的可视化流程如图3.18所示。图3.18（a）中的3个黑色的"×"代表K均值初始化3个簇中心，剩余的数据点根据相应的距离计算划分成相应的簇，并且不同的簇用不同的颜色表示。随着算法的运行，黑色的"×"不停地移动，当其移动到图3.18（c）时，可以发现每一个黑色的"×"移动到了一个数据簇的中间，相应的聚类过程就完成了。

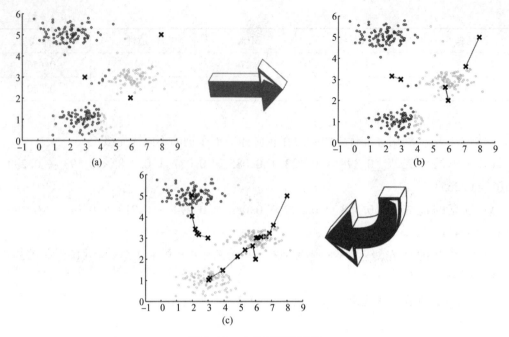

图 3.18　K 均值聚类举例

（a）初始选择 3 个簇中心；（b）算法第一次迭代后，簇中心变化示意；（c）算法多次迭代后，簇中心变化示意

聚类有很多方面的应用，最重要的就是用户画像。每个人可能都会在电商网站上进行相应物品的购买，这种购买行为实际上形成了每个人购买行为的属性，而购买行为就是一个对象。电商公司可以根据这些数据，来对用户进行聚类，即将相似的用户的购买行为聚成同一类。而同一用户的购买行为是一致的，因此可以对用户进行分组。对于同一组用户，进行相似广告推送，这样可以产生更精确的广告效应。此外，聚类在图像分割、物体运行轨迹分割中也有应用。

本章小结

本章介绍了多种常用的数据分析方法，包括数据统计分析以及一些数据挖掘中的数据分析方法。一般情况下，信息采集和整理完毕后，就需要进行数据分析，通过数据分析，能够从数据中发现信息，帮助人们发现规律，进行决策。

习题

1. 请使用线性相关分析，分析表 3.17 中某公司年广告费投入和月均销售额的相关性，判断两者相关程度。

表 3.17　某公司年广告费投入和月均销售额的相关性

年广告费投入/百万	月均销售额/百万
12.5	21.2
15.3	23.9
23.2	32.9
26.4	34.1
33.5	42.5
34.4	43.2
39.4	49.0
45.2	52.8
55.4	59.4
60.9	63.5

2. 瑞典汽车保险数据集（Swedish Auto Insurance Dataset）[①] 由 63 个观察值组成，包括 1 个输入变量和 1 个输出变量。变量名分别为 X：索赔要求数量；Y：对所有索赔的总赔付，以千瑞典克朗计。请计算当要求索赔数值为 90～95 千瑞典克朗时，赔付总额大约为多少？

3. 如果超市面积比较小，那么美式购物篮分析能够给商品摆放提供什么样的建议？

4. 表 3.18 是一组天气状况与是否进行网球运动的数据表。请给出所有包含属性 "Play Tennis" 的频繁项，如 {Overcast，Yes} 这种形式的频繁项集（最小支持度计数为 3）。

表 3.18　天气状况与是否进行网球运动的数据表

Day	Outlook	Temperature	Humidity	Wind	Play Tennis
Day1	Sunny	Hot	High	Weak	No
Day2	Sunny	Hot	High	Strong	No
Day3	Overcast	Hot	High	Weak	Yes
Day4	Rain	Mild	High	Weak	Yes
Day5	Rain	Cool	Normal	Weak	Yes
Day6	Rain	Cool	Normal	Strong	No
Day7	Overcast	Cool	Normal	Strong	Yes
Day8	Sunny	Mild	High	Weak	No
Day9	Sunny	Cool	Normal	Weak	Yes
Day10	Rain	Mild	Normal	Weak	Yes
Day11	Sunny	Mild	Normal	Strong	Yes
Day12	Overcast	Mild	High	Strong	Yes
Day13	Overcast	Hot	Normal	Weak	Yes
Day14	Rain	Mild	High	Strong	No

① https：//www.math.muni.cz/~kolacek/docs/frvs/M7222/data/AutoInsurSweden.txt

5. 说明计算机自动文本分类的过程。另外，现有一个文档主题为"体育"，其中出现标号为 A~G 的词，次数分别为 (100, 10, 7, 9, 3, 5, 88)；另一文档主题为"政治"，出现标号为 A~G 的词，次数分别为 (24, 90, 65, 13, 4, 8, 9)。现有一新的文档，A~G 词出现次数为 (56, 7, 13, 43, 5, 6, 70)，请问：该文档的主题可能是什么？

6. 某汽车租赁公司，记录了不同顾客在不同的天气状况、出行目的等条件下的出行方式，如表 3.19 所示，期望以此来改善公司管理。请通过信息论分析天气状况和出行目的中哪个因素对顾客的出行方式影响更大？

表 3.19 不同顾客在不同的天气状况、出行目的等条件下的出行方式

顾客信息	天气状况	出行目的（购物）	出行方式
顾客 1	下雨	是	步行
顾客 2	下雪	否	开车
顾客 3	晴好	否	步行
顾客 4	下雨	是	步行
顾客 5	晴好	是	步行
顾客 6	晴好	否	开车
顾客 7	下雪	否	开车
顾客 8	下雨	是	步行
顾客 9	下雪	是	开车

第 4 章　信息检索与数据可视化

通过数据分析，可以从采集到的数据中获取有用的信息。在此基础上，能够进行后续工作，如信息检索与数据可视化。本章将介绍信息检索的概念、方法、信息检索效果的评价以及数据可视化。

4.1　信息检索

信息检索是指用户进行信息查询和信息获取的主要方式，是查找信息的方法和手段。信息检索通常有狭义和广义两种理解。狭义的信息检索，仅是指信息查询，即用户根据需要采用一定的方法，借助某种检索工具，从信息集合当中找出所需要信息的查找过程。广义的信息检索，是指信息按照一定的方式进行加工、整理、存储、组织起来，再根据信息用户特定的需要，将相关信息准确地查找出来的过程。因此，广义的信息检索包含了狭义的信息检索，或者说狭义的信息检索仅仅是广义的信息检索的一部分。广义的信息检索又称为信息的存储与检索。在一般情况下提及信息检索，通常指的是广义的信息检索，即在谈论信息检索的时候，不仅仅要关注信息的查询，还要关注信息的存储。

4.1.1　信息检索类型

实际上，信息检索的发展历史是比较漫长的。从最原始的用手工来进行信息检索，到现在用计算机进行信息检索，信息检索的手段和方法经过了长时间的发展和演进。本章所介绍的信息检索仅指计算机检索。

计算机检索常常分成 4 种不同类型的检索，包括文献检索、多媒体检索、数据检索和事实检索。

1. 文献检索

文献检索是指根据学习和工作的需要获取文献的过程。一般来说，文献检索可分为以下 4 个步骤。

1）明确查找目的与要求。
2）选择检索工具。
3）确定检索途径和方法。

4）根据文献线索，查阅原始文献。

2. 多媒体检索

多媒体检索是指根据用户的要求，对图形、图像、文本、声音、动画等多媒体信息进行检索，从而得到用户所需的信息。

3. 数据检索

数据检索是指把数据库中存储的数据根据用户的需求提取出来。数据检索的结果会生成一个数据表，既可以放回数据库，也可以作为进一步处理的对象。数据检索包括数据排序和数据筛选两项操作。

（1）数据排序

查看数据时，往往需要按照实际需要，把数据按一定的顺序排列展示出来，这个过程称为数据排序。

（2）数据筛选

所谓筛选，是指根据给定的条件，从表中查找满足条件的记录并将其显示出来，而不满足条件的记录被隐藏起来。这些给定的条件称为筛选条件。

4. 事实检索

事实检索，就是要利用一些比较权威性的资料，包括书籍、数据库等，来查找里面一些比较有权威性的相关事实。事实检索既包括数值数据的检索、算术运算、比较和数学推导，也包括非数值数据（如事实、概念、思想、知识等）的检索、比较、演绎和逻辑推理。事实检索要求检索系统不仅能够从数据集合中查出原来存入的数据或事实，还能够从已有的基本数据或事实中推导、演绎出新的数据或事实。

4.1.2 信息检索语言

在信息的查询以及存储过程当中，需要将信息格式化后组织起来。将信息格式化组织，需要用到信息检索语言。在第 2 章中根据结构特点，将信息分成结构化信息、半结构化信息以及非结构化信息。将信息格式化组织主要面向的是非结构化信息，这里主要谈论文献信息。

1. 信息检索语言的作用

信息检索语言是信息检索与存储时所用的语言。信息资源在存储过程中，其内容特征（分类、主题）和外部特征（如书名、刊名、题名、著者等）需要按照一定的语言来加以描述，检索文献信息的提问也要按照一定的语言来表达，为了使检索过程快速、准确，检索用户与检索系统需要有统一的标识。这种在文献信息的存储与检索过程中，共同使用、共同理解的统一标识就是信息检索语言。简而言之，信息检索语言就是用来描述文献内部以及外部特征和表达信息提问的一种语言，它具有以下 3 个作用。

（1）信息存储的组织化

一篇文献的组织化、格式化往往都是不明显的，而通过信息检索语言能够将文献进行较好的组织化、格式化。

（2）标引信息的主题，把信息内容规范化的揭示出来

标引的含义是通过标记，指引人们方便、快捷地找到所需要的信息。信息标引是指在

分析文献内容的基础上，用某种检索语言把文献主题以及其他有意义的特征标识出来作为文献存储与检索依据的一种文献处理过程。假设现在有一篇文献，其涵盖的内容比较丰富，可以用很多的词来表示文献相关的主题。但是，不可能把所有和主题相关的词都给列出，而只能选择一些特定的词，这些特定的词，是信息检索语言当中规定可以采用的一些词。

(3) 引导检索，便于将检索词与标引词比较

如果进行文献的查询，则需要输入一些检索词，这些检索词也需要进行相关的限制。这些限制使检索词和文献当中一些被标引的词比较容易匹配，从而能够快速查到所想要找的文献。

> **小知识**
>
> 卡特彼勒公司在20世纪70年代初开发了一种总词汇约为850个的卡特彼勒基础英语（Caterpillar Fundamental English）。在70年代后期，波音以及其他一些欧美飞机制造公司在卡特彼勒基础英语的基础上开始研究和开发航空工业部门的受控英语——欧洲航空航天工业协会简化英语（AECMA Simplified English，AECMA SE）。欧洲航空航天工业协会简化英语含有900个左右的基本术语和近60个写作规则；在具体使用时，各个飞机制造厂家可以酌情增加一些自己产出特有的术语。

2. 信息检索语言的功能

从信息检索语言体现出的特点可以发现，信息检索语言是一种受控语言。受控语言是一种规范化的人工语言，包括具有较强检索功能的分类语言和具有较强特性检索功能的主题语言。

受控语言通常是一个由一些规范化的词汇组合起来的标识系统，主要具有以下功能。

(1) 包含在某个控制范围内，描述一定主题的词语

例如，互联网上所有的文本网页都具有各自不同的主题，有些是体育类相关主题的文献，有些是娱乐类相关的文献。而体育类相关主题的文献使用到的一些词语和娱乐类相关的文献所使用的一些词语很不一样，因此，如果要检索一篇体育类相关主题的文献，则使用的词语应该是体育类相关的检索词。

(2) 如何组织词语的方法

如果检索一篇文献，则使用到的检索词可能有很多个，因此很多个检索词如何组织，使其更贴近一篇文献的主题，这种方法就称为组织词语的方法。这在受控语言中称之为词语的组配。也就是说，用两个或者多个词以及词的组合来描述和表示文献的相关主题。

4.1.3 检索技术

检索相关文献会涉及一定的检索技术，检索技术包含如下5类。

1. 布尔检索

布尔检索是指在检索过程中将检索词通过布尔逻辑运算符组合（组配）起来。布尔检索是现代信息检索系统中最常用的一种方法。常用的布尔逻辑运算符有3种，分别是逻辑

或（OR）、逻辑与（AND）、逻辑非（NOT）。在使用布尔逻辑运算符时需要注意，不同的运算次序会有不同的检索结果。

2. 截词检索

截词是指在检索词的合适位置进行截断，然后使用截词符进行处理，这样既可节省输入的字符数目，又可达到较高的查全率。不同的系统所用的截词符不同，常用的有？、$、*等。截词检索可分成4类，分别是有限截断、右截断、中间截断和左截断。

1）有限截断：指定截去有限个字符，如"product?"可以检索出"product""production"等。

2）右截断：截去某个词的词尾，如"employ?"可以检索出"employer""employment"等。

3）中间截断：保留词的中间部分，如"? comput?"可以检索出"minicomputer""microcomputers"等。

4）左截断：截去词的前面部分，如"? tion"可以检索出"question""station"等。

3. 限制检索

限制检索是指检索词受到一定的检索限制，通常情况下包括字段检索和使用限制符两种方式。

1）字段检索是指对检索词出现的字段进行一定的限制。例如，检索一篇文献可以将检索词限定在作者字段内，如果有一篇文献在作者字段内出现了这样的检索词，则这篇文献就应该被检索到（也称为命中）；如果在其他字段内出现了相关的检索词，而在作者字段内没有出现相关检索词，则这篇文献就不应该被命中。

2）使用限制符是指使用相关的、专门的符号来表示这个检索词应该出现的字段。限制符包括前缀限制符和后缀限制符。常用的限制符如表4.1所示。

表4.1 常用的限制符

前缀限制符	后缀限制符
AU=限定特定作者	/TI=限定在题目中查找
JN=限定特定期刊名	/AB=限定在文摘中查找
LA=限定特定语种	/DE=限定在序词标引中查找
TI=限定特定题名	
PY=限定特定年代	

示例4.1

如果要查找2004出版的英文或者法文的宏观经济学方面的期刊，则可以写出检索式：(macroeconomics/DE, TI, AB) AND (PY=2004) AND (LA=EN OR FR) AND (DT=Serial)。检索式前的"macroeconomics/de"代表检索词"macroeconomics"应该限定在序词标引当中进行查找，同时TI代表限定在题目当中查找，AB代表限定在文摘当中查找。"AND（PY=2004）"代表出版年份应该是在2004年，"AND（LA=ENORFR）"代表语言应该是英文或者法文，"（DT=Serial）"代表出版的文献类型应该是期刊。

4. 位置检索

位置检索需要使用相关的位置算符来表达各个检索词之间的顺序和相对的位置关系。位置算符是要求检索词之间的相互位置满足某些条件而使用的检索算符。常用的位置算符如表 4.2 所示。

表 4.2 常用的位置算符

位置算符	含 义
（W）：（WITH）	表示该算符两侧的检索词不能有其他任何词或字，而且检索词不能颠倒
（nW）：（nWord）	表示该算符两侧的检索词之间最多可以插入 n 个词，但检索词顺序不能颠倒
（N）：（NEAR）	表示该算符两侧的检索词必须相连，不得插入其他词
（nN）：（nNEAR）	表示该算符两侧的检索词之间最多可以插入 n 个词，且检索词顺序可以颠倒
（F）：（FIELD）	表示该算符两侧的检索词必须出现在同一字段内，但两词的词序和中间插入的词数不限
（S）：（SUBFIELD）	表示该算符两侧的检索词必须出现在同一子字段内，但两词的词序和中间插入的词数不限
（L）：（LINK）	表示该算符两侧的检索词存在从属关系

通过位置算符将检索词连接起来，可以要求检索词的位置满足特定的关系。例如，"American（W）Literature"可以用来搜索有关"American Literature"的文献信息；"Knowledge（1W）Economy"表示含有"Knowledge Economy"或者"Knowledge-based Economy"的文献可以被检索到；"Chemistry（N）Physics"表示含有"Chemistry Physics"或者"Physics Chemistry"的文献可以被检索到；"Economic（2N）Recovery"表示"Economic Recovery"或者"Recovery of The Economic"等文献可以被命中；"Economic（F）Knowledge"可以命中如"The Economic Impact of Knowledge-based"的文献；"High Strength（S）Steel"表示"High Strength"和"Steel"必须出现在同一句子中；"Control（L）Stability"两词之间存在从属关系。

5. 加权检索

加权检索是一种定量的检索技术，其侧重点不在于判断检索词或者检索词字符串是不是在文献中，而在于判断检索词在满足检索逻辑后对文献信息命中与否的影响程度。加权检索实现的基本方法是在每一个检索词后面加上一个数值来表示其重要的程度，这个数值称为权。在检索的时候先查找这些检索词在数据库当中是否出现，然后计算检索词的权重和，当权重和达到或者超过预定的数值时，这个记录才会被命中。运用加权检索可以命中核心概念文献，因此它是一种缩小检索范围、提高检准率的有效方法。

加权检索与布尔检索具有一些不同点，主要体现在以下 3 个方面。

1）从表面上看，两者所使用的匹配方法不同，在布尔检索中采用的是布尔逻辑进行匹配，而在加权检索中则采用数字或加权符号进行匹配。但是，两者的结果往往极为相近。加权检索和布尔检索没有质的区别。通过布尔逻辑运算能实现的检索，也可以通过加权法实现。

2）布尔检索的结果只有二值逻辑，这可以说是布尔检索的一个缺陷，而加权检索可以按照用户的提问要求，对各检索项分别赋予不同的权值，检索时将其结果按权值大小排序输出。因此，布尔检索方法是定性检索方法，而加权检索方法则称为定量检索方法。

3）加权检索同布尔检索一样，也是文献检索的一个基本检索手段，但不同的是，加权检索的侧重点不在于判定检索词或字符串是不是在数据库中、与别的检索词或字符串是什么关系，而在于判定检索词或字符串在满足检索逻辑后对文献信息命中与否的影响程度。

4.1.4 检索效果评价

在一个文献数据库中，使用不同的检索算法可能会得到不一样的检索结果，这时需要评价这些检索结果的好坏，这就是所谓的检索效果的评价。要进行检索效果的评价，首先要有检索结果矩阵表，如表 4.3 所示。

表 4.3 检索结果矩阵表

信息资源类型	相关信息资源	非相关信息资源	总计
检出部分	A	B	A+B
未检出部分	C	D	C+D
总计	A+C	B+D	A+B+C+D

表 4.3 中包含了 A、B、C、D 4 个字符，解释如下。在一个文献数据库中，包含了一些和检索相关的资源，这些相关的资源记成 A + C，其中 A 为通过某种检索技术，返回的检索结果中的相关的资源数量，而 C 为检索结果中未包含的相关资源。此外在数据中，也可能包含一些不相关的资源，记为 B + D，其中 B 为检索结果中包含的非相关的资源，D 为未检出部分中包含的非相关资源。所以检出的部分，即通过某一个检索算法得到相应的结果应该为 A + B；未检出的部分，即数据库中剩下的部分为 C + D。了解了 A、B、C、D 4 个字符相关的含义后，就可以来定义 4 个检索结果评价指标，分别为查全率 R，漏检率 O，查准率 P 和误检率 M。这些指标的定义如下。

查全率，也称为召回率，是指检出的相关资源与所有相关资源的比值，定义为

$$R = \frac{A}{A+C} \times 100\% \tag{4.1}$$

漏检率，指的是未检出的相关资源与所有相关资源的比值，定义为

$$O = \frac{C}{A+C} \times 100\% \tag{4.2}$$

查准率是指检出的相关资源与所检出资源的比值，定义为

$$P = \frac{A}{A+B} \times 100\% \tag{4.3}$$

误检率实际上为 $1-P$，

$$M = \frac{B}{A+B} \times 100\% \tag{4.4}$$

从上述定义可以发现，查全率和漏检率是一对互补指标，查准率和误检率是一对互补指标。此外，查全率和查准率之间具有互逆的关系，一个信息检索系统可以在它们之间进行折中。一方面，在极端情况下，一个将文档集合中的所有文档返回，则系统有100%的查全率，但是查准率却很低。另一方面，如果一个系统只能返回唯一的文档，则会有很低的查全率，但却可能有100%的查准率。通常在以查全率和查准率为指标来测定信息查询系统的有效性时，总是假定查全率为一个适当的值，然后按查准率的高低来衡量系统的有效性。

4.1.5 信息检索举例

在搜索引擎中进行信息检索是最常用的信息检索，但如果要查找一些专业文献，则需要在专业的数据库中进行。接下来简单介绍如何通过中国知网这个常用数据库来进行文献检索。

中国知网的网站主页面如图4.1所示。在网站最顶层，可以发现一个非常明显的检索框，在框中可以输入相关的检索词。在检索框的左侧，有一个下拉列表，在这个下拉列表中，包含了一些字段的名字。也就是说，可以在这里选择相应的字段来限制检索词所应该出现的字段，从而进行限制检索。

图 4.1 中国知网的网站主页面

举例来说明检索过程。现在假设限定检索词要出现在作者字段内，然后在检索框当中输入本书的作者名字作为检索词，可以得到图4.2所示检索结果。

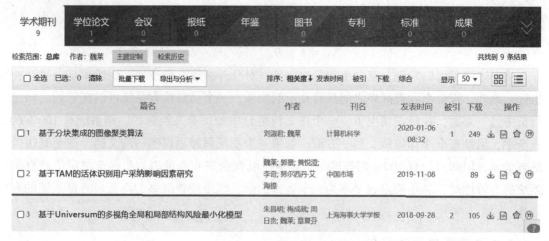

图 4.2　知网检索结果

这些检索结果基本上是正确的。但因为作者的专业是计算机、信息管理相关方向，因此检索到作者所发表的文献应该是在这些领域的。但图中线条划出的这篇文献，很明显和计算机不相关，因此，可以进行进一步的检索。

单击检索出的任意文献，就可以跳转到一个新的页面。在这个页面当中，会包含相关文献的一些具体信息，如图4.3所示。页面最底部用线划出的部分，包含了文献下载的链接，文献格式有 PDF、CAJ 以及 HTML 等。其中，CAJ 是中国知网的一个特殊文本格式，需要下载中国知网的 CAJ 阅读器才能阅读。HTML 是指网页阅读。

基于流形距离的半监督判别分析

魏莱[1]　王守觉[2]

1. 同济大学计算机科学与技术系　2. 中国科学院半导体研究所

摘要： 大量无类别标签的数据具有对分类有用的信息,有效地利用这些信息来提高分类精确度,是半监督分类研究的主要内容。提出了一种基于流形距离的半监督判别分析（semi-supervised discriminant analysis based on manifold distance,简称SSDA）算法,通过定义的流形距离,能够选择位于流形上的数据点的同类近邻点、异类近邻点以及全局近邻点并依据流形距离定义数据点与其各近邻点之间的相似度,利用这种相似度度量构造算法的目标函数。通过在ORL,YALE人脸数据库上的实验表明,与现有算法相比,数据集通过该算法降维后,能够使基于距离的识别算法具有更高的分类精确度。同时,为了解决非线性降维问题,提出了Kernel SSDA,同样通过实验验证了算法的有效性。

关键词： 主成分分析；线性判别分析；流形距离；半监督判别分析；

专辑： 信息科技

专题： 计算机软件及计算机应用

分类号： TP391.41

图 4.3　知网检索结果文献

上述介绍了如何在中国知网上进行文献检索。读者可以自行尝试其他检索方法。

除中国知网外，最著名的外文文献数据库应该是 SCI 索引文献数据库。该数据库可以通过 Web of Science 网站来访问，如图4.4所示。可以发现，和中国知网的网站有些类似，Web of Science 网站也有一个检索框，在网页右侧有相应的检索词字段的下拉列表。同样，可以在下拉列表中选择相应的字段,然后在检索框中输入相应的检索词,进行相应的检索。

图 4.4　Web of Science 网站主页

同样输入作者英文名作为检索词,选择检索词出现的字段及作者字段,就会出现如图 4.5 所示的检索结果。

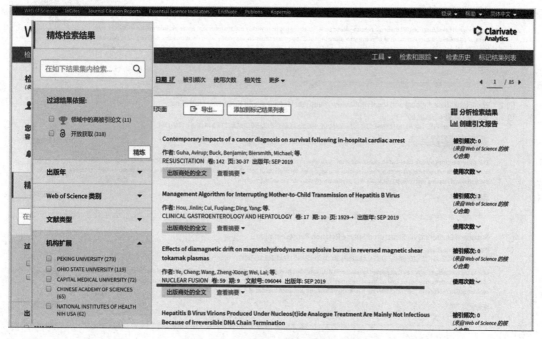

图 4.5　Web of Science 网站检索结果

其中,用线画出的这个文献,和作者专业领域不符,该文献应该不是作者发表的相关文献,所以这里的检索结果不是很准确。

此时可以对文献进行精炼。在网页左侧单击"精炼"按钮可以在检索结果中进一步精炼，如图 4.6 所示。

图 4.6　精炼检索结果

可以看到网页中列出了很多机构，当然也包含作者的单位，勾选作者的单位（图 4.6 中用线画出的部分）并单击"下一步"按钮，会出现如图 4.7 所示的结果。

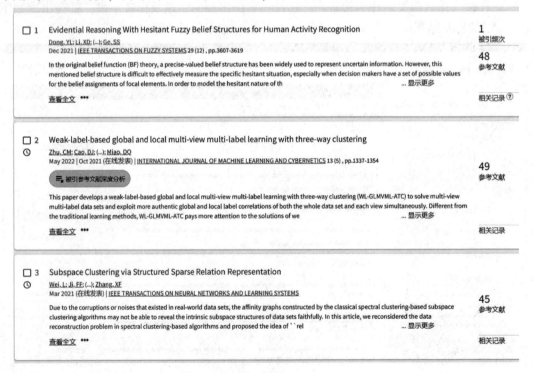

图 4.7　勾选作者的单位所得结果

这些结果相比于前面的检索结果要准确得多。通过这样一个过程，可以找到希望查找的文献。

4.2 数据可视化①

4.2.1 数据可视化定义

所谓数据可视化，是指对数据进行交互的可视表达，以期来增强认知的技术。它可以将不可见或者难以直接显示的数据，映射为可以感知的图形。数据可视化的作用体现在多个方面，如揭示想法和关系、形成论点或意见、观察事物演化的趋势、总结或积累数据、存档和汇整、寻求真相、传播知识和探索性数据分析等。从宏观角度看，可视化包括以下3个功能。

1. 信息记录

将信息记录成文、世代传播的有效方式之一是将信息成像或用草图记录。图4.8（a）展示了伽利略手绘的月亮周期可视化图，图4.8（b）为达·芬奇绘制的人头盖骨可视化图。

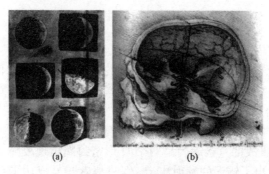

图 4.8 信息记录示例

（a）伽利略关于月亮周期的可视化图；（b）达·芬奇绘制的人头盖骨可视化图

不仅如此，可视化图能极大地激发人的智力和洞察力，帮助验证科学假设。例如，DNA分子结构的发现，起源于对DNA结构的X射线照片的分析。

2. 信息分析

可视化图能够清晰地展示证据，支持上、下文的理解，在数据推理方面也有独到作用。1831年起，欧洲大陆暴发霍乱，当时的主流理论是毒气或瘴气引起了霍乱。英国医生John Snow着手研究于1854年8月底在伦敦布拉德街道附近居民区爆发的一场霍乱。Snow医生调查病例发生的地点和取水的关系，发现73个病例离布拉德街水井的距离比附近其他任何一个水井的距离都更近。在拆除布拉德街水井的摇把后不久，霍乱停息。Snow医生绘制了一张布拉德街区的地图，如图4.9所示，图中标记了水井的位置和每个地址（房子）里的病例（图中用图符●表示）。图符清晰地显示了病例集中在布拉德街水井附近，这就是著名的"鬼图"（Ghost Map）。

---

① 本节内容基本引用自陈为，沈则潜. 数据可视化 [M]. 北京：电子工业出版社，2013.

图 4.9 "鬼图"

3. 信息传播与系统

人的视觉感知是最主要的信息接收方式，大约占人从外界获取信息量的 80%[①]。面向公众用户，传播与发布复杂信息的最有效途径是将数据可视化，达到信息共享与论证、信息协作与修正、重要信息过滤等目的。1986 年，美国"挑战者"号航天飞机发生事故，在寻找故障的过程中，信息可视化发挥了重要的作用。

"挑战者"号爆炸事故的直接起因是两个 O 形密封圈出现故障。调查报告提道：信息沟通渠道的障碍导致做出了错误的发射决定。"挑战者"号成功飞行的条件是 O 形密封圈的最低气温是 53 ℉（华氏 53 度），但 NASA 对工程师设定的温度下限不能理解，工程师只列出了橡胶圈爆裂的情形，没有足够的说服力。事后，Edward Tufte 教授绘制的可视化图清晰地显示了温度与密封圈出现爆裂的关系，如图 4.10 所示。

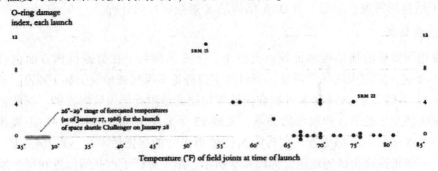

图 4.10 温度与密封圈出现爆裂的关系的可视化图

---

① 人类通过视觉、听觉、嗅觉、味觉、触觉 5 种感觉来感知世界，视觉、听觉、嗅觉 3 种感觉接收的信息占人接收外部信息的比例分别为 83%、11%、4%，其他两种感觉接收信息的比例约为 1%。

4.2.2 可视化基本流程

数据可视化不仅是一门包含各种方法的技术,也是一门具有方法论的学科。信息可视化流程模型如图 4.11 所示。

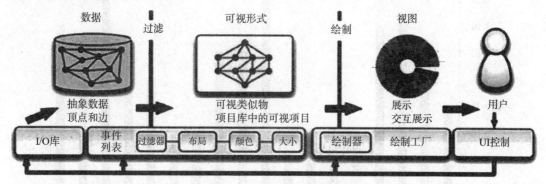

图 4.11 信息可视化流程模型

图 4.11 展示了 Card、Mackinlay 和 Shneiderman 描述的信息可视化流程模型,后续几乎所有著名的信息可视化系统和工具包都支持这个模型,而且绝大多数系统在基础层都兼容,只存在细微的差异。但在任意一种可视化或可视分析流水线中,人是核心的要素。尽管机器智能可部分替代人所承担的工作,而且在很多场合比人的效率高,但人是最终的决策者,是知识的加工者和使用者。因此,数据可视化工具的目标是增强人的能力,而不是替代人的作用。

数据可视化流程中的核心要素包括以下 3 个方面。

1. 数据表示与变换

数据可视化的基础是数据表示与变换。为了允许有效的可视化、分析和记录,输入数据必须从原始状态变换到一种便于计算机处理的结构化数据表达形式。通常这些结构存在于数据本身,需要研究有效的数据提炼或简化方法以最大限度地保持信息和知识的内涵及相应的上、下文。有效表示海量数据的主要挑战在于采用具有可伸缩性和扩展性的方法,以便忠实地保持数据的特性和内容。此外,将不同类型、不同来源的信息合成为一个统一的表达形式,使数据分析人员能及时聚焦于数据的本质也是研究的重点。

2. 数据的可视化呈现

将数据以一种直观、容易理解和操纵的方式呈现给用户,则需要将数据转换为可视表示并呈现给用户。数据可视化向用户传播了信息,而同一个数据集可能对应多种视觉呈现形式,即视觉编码。数据可视化的核心内容是从巨大的呈现多样性空间中选择最合适的编码形式。判断某个视觉编码是否合适主要考虑的因素包括感知与认知系统的特性、数据本身的属性和目标任务。例如,图 4.12 显示了若干汽车品牌和所属国家,其中图 4.12(a)采用了柱状图的可视化形式。鉴于柱状图主要用于表达数值信息而不是分类信息,故图中雪佛兰对应于纵轴上的中国、德国、美国等多个国家并不合理。而图 4.12(b)采用了散点图的形式,能够表达一一对应的关系,这样就避免了图 4.12(a)中所产生的错误信息。

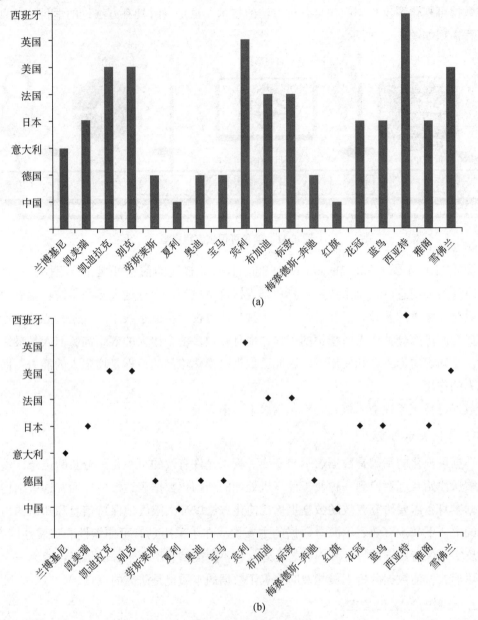

图 4.12 汽车品牌和所属国家
(a)错误的柱状图形式;(b)正确的散点图形式

3. 用户交互

对数据进行可视化和分析的目的是解决目标任务。有些任务可明确定义,有些任务则更广泛或者一般化。通用的目标任务可分成 3 类:生成假设、验证假设和视觉呈现。数据可视化可以用于从数据中探索新的假设,也可以证实相关假设与数据是否吻合,还可以帮助数据专家向公众展示其中的信息。交互是通过可视的手段辅助分析决策的直接推动力。有关人机交互的探索已经持续很长时间，但智能、适用于海量数据可视化的交互技术，如任务导向的、基于假设的方法还是一个未解难题，其核心挑战是新型的、可支持用户分析决策的交互方法。这些交互方法涵盖底层的交互方式与硬件、复杂的交互理念与流程，更需要克服不同类型的显示环境和不同任务带来的可扩充性难点。

4.2.3 数据可视化原则

可视化的首要任务是准确地展示和传达数据所包含的信息。在此前提下，针对特定的用户对象，设计者可以根据用户的预期和需求，提供有效的辅助手段以方便用户理解数据，从而完成有效的可视化。在给定数据来源之后，目前已经有很多不同的技术方法将数据映射到图形元素并进行可视化，同样也存在不少用户交互技术方便用户对数据的浏览与探索。过于复杂的可视化可能会给用户带来理解上的麻烦，甚至可能引起用户对设计者意图的误解和对原始数据信息的误读；缺少直观交互控制的可视化可能会阻碍用户以主观上更直观的方式获得可视化所包含的信息；另外，美学因素也能影响用户对可视化设计的喜好或厌恶情绪，从而影响可视化作为信息传播和表达手段的功能。总之，良好的可视化提高了人们获取信息的能力，但是也有诸多因素会导致信息可视化的低效率甚至失败。因此，了解并掌握可视化技术的各个组件的功能，对设计有效的可视化有着重要的作用。

设计制作一个可视化视图包括以下 3 个主要步骤。

1）确定数据到图形元素（即标记）和视觉通道的映射。

2）视图的选择与用户交互控制的设计。

3）数据的筛选，即确定在有限的可视化视图空间中选择适当容量的信息进行编码，以避免在数据量过大的情况下产生视觉混乱。也就是说，可视化的结果中需要保持合理的信息密度。

实际上，为了提高可视化结果的有效性，可视化的设计还包括颜色、标记和动画的设计等。

4.2.4 可视化基本图表

统计图表是最早的数据可视化形式之一，作为基本的可视化元素仍然被非常广泛地使用。对于很多复杂的大型可视化系统来说，这类图表更是作为基本的组成元素而不可缺少。在本书前面章节中，提到的箱型图、散点图属于基本统计图表，除此以外还有一些常用的统计图形。

1. 折线图

折线图是指以折线的上升或下降来表示统计数量的增减变化的统计图。用折线的起伏表示数据的增减变化情况，不仅可以表示数量的多少，而且可以反映数据的增减变化情况，如图 4.13 所示。

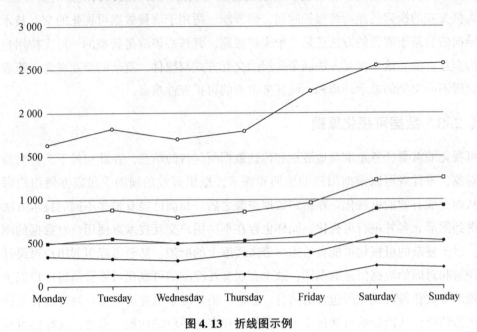

图 4.13 折线图示例

在使用折线图时，要特别注意图形的坐标范围。

示例 4.2

某公司 1~7 月份利润如表 4.4 所示，请分析该公司的利润走势。

表 4.4 某公司利润表

月份	利润/百万
1	1.95
2	2.1
3	2.2
4	2.15
5	2.35
6	2.4
7	2.5

可以通过绘制折线图来观察该公司的利润走势，如图 4.14 所示。从图中可以推出该公司的利润是在温和上涨的。

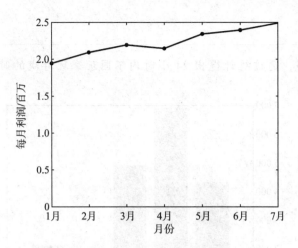

图 4.14　某公司利润走势折线图 1

但只要对上图进行简单的处理，如修改纵坐标的显示范围，则可以得到如图 4.15 所示的折线图。

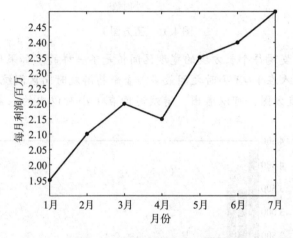

图 4.15　某公司利润走势折线图 2

对比图 4.14 和图 4.15，可以看出该公司的利润涨幅很大。因此，同样的数据可以生成不同的可视化图形，从而影响人们做出正确的判断。这是数据可视化过程中需要特别注意的。

2. 直方图

在第 3 章中，谈到的直方图是对一组数据集合的某个数据属性的频率统计。其取值范围映射到横轴，并分割为多个子区间。每个子区间用一个直立的长方块表示，高度正比于属于该属性值子区间的数据点的个数。直方图可以呈现数据的分布、离群值和数据分布的模态。绘制和使用直方图时，务必要注意以下 2 点。

1) 直方图每个子区间的范围应该一致。
2) 直方图中每个长方块的高度应该正比于该属性值子区间的数据点的个数。

示例 4.3

某网络游戏公司，通过统计得出 24 小时内不同玩家玩游戏的时间，然后绘制如图 4.16 所示的直方图。

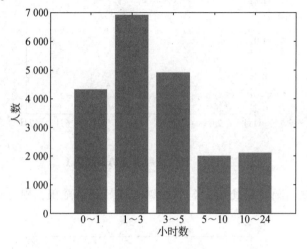

图 4.16　直方图 1

仔细观察，可以发现每个长方块的宽度区间值是不一样的。如果仅就当前图分析，可能会误认为玩游戏的人在 1~3 小时之间最多。重新将游戏时间区间统一设置成 1，可以得到如图 4.17 所示的直方图，可以看出，游戏时间在 1 小时以内的人最多，时间越长，玩游戏的人数越少。

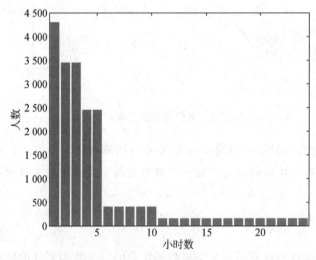

图 4.17　直方图 2

3. 饼图

饼图采用了饼干的隐喻，用环状方式呈现各部分在整体中的比例，如图 4.18 所示。这种分块方式是环状树图等可视表达的基础。

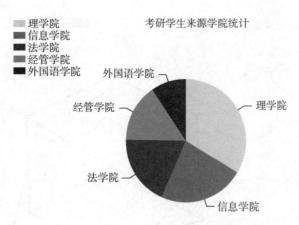

图 4.18 饼图示意

4. 热力图

热力图使用颜色来表达与位置相关的二维数值数据的大小。这些数据常以矩阵或方格形式整齐排列，每个数据点的颜色对应数据值的大小，如图 4.19 所示。

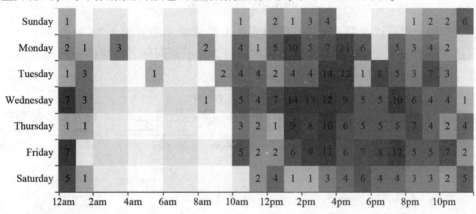

图 4.19 热力图示意

5. 雷达图

雷达图是以从同一点开始的轴上表示的 3 个或更多个定量变量的二维图表的形式显示多变量数据的图形方法，如图 4.20 所示。轴的相对位置和角度通常是无信息的。雷达图也称为网络图、蜘蛛图、星图、蜘蛛网图、不规则多边形、极坐标图或 Kiviat 图。它相当于平行坐标图，轴径向排列。

实际上，基本统计图表类型多样，感兴趣的同学可以在 ECHARTS 主页（https：//echarts.apache.org/zh/builder.html）上找到各种类型的图表。此外在开源软件库 github 上，有一个专门利用 JavaScript 开发的数据可视化项目 D3（https：//www.d3js.org.cn/），同学们也可以关注。

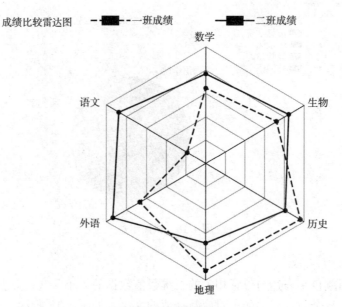

图 4.20 雷达图示意

从上面的介绍可以发现,可视化图形实际上是非常多的。图 4.21 对各种图形及其适应的问题进行了一个总结。从可视化目标出发,根据不同问题,沿着图形所示分支,最后可以选择比较合适的可视化图形。

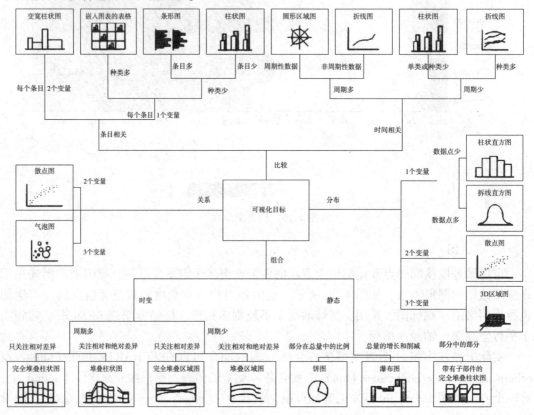

图 4.21 可视化图形及其适应的问题

本章小结

本章介绍了两部分内容,一部分是信息检索,另一部分是数据可视化。在信息检索过程当中,介绍了信息检索的概念、信息检索语言、信息检索技术以及信息检索评价。在数据可视化过程当中,介绍了可视化的意义、可视化方法等。

到本章为止,信息处理的基本流程已经介绍完毕,回顾可以发现,完整的信息处理流程包括信息采集、信息预处理、信息分析、信息检索以及数据可视化。掌握信息处理流程中各个不同环节的方法,基本上就能够解决大部分信息处理需求。

习 题

假设某小型数据库含有 170 篇文档,对于问题 Q,和它相关的文档有 140 篇。利用两种检索技术在该数据库上进行检索,采用第一种检索技术系统返回 130 篇文档,其中经判定,110 篇为与 Q 相关的;采用第二种检索技术系统返回 140 篇文档,其中 120 篇与 Q 相关。请分别构造两个检索结果矩阵表,分析两种检索技术哪一种更好?评价依据是什么?

系统篇

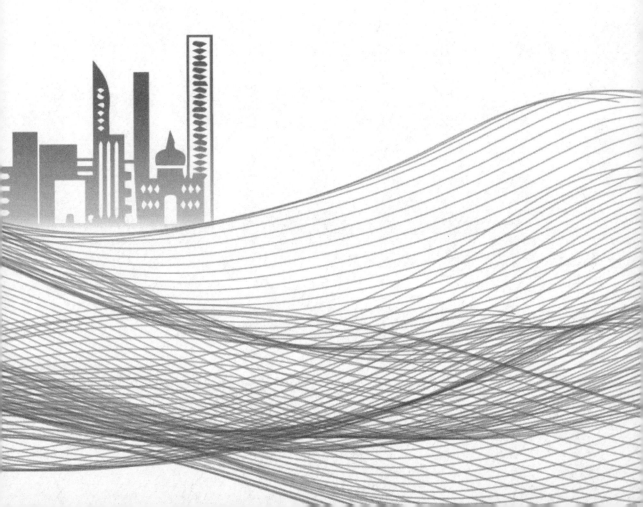

第 5 章　控制论与系统论

前面 4 章介绍的是信息处理流程中各个环节所涉及的方法与技术，从本章开始，课程内容进入系统篇，即介绍信息系统开发、建设、维护和运行过程中，涉及各种类型的信息资源的利用、处理。本章先介绍关于信息系统的基础理论。

5.1　控制论

支撑整个"信息资源管理"课程内容的 3 个基本理论分别是信息论、控制论和系统论。信息论在第 1 章中已经介绍过，本章将介绍控制论和系统论。

信息论从诞生以来，得到了飞速发展，成为系统理论科学的一个重要的分支。但与信息论几乎同时诞生的交叉科学还包括控制论和系统论。这 3 个理论不仅在通信和控制等学术领域有着非常重要的地位，而且对管理和社会科学也有着重要影响。

学术界通常把信息论、控制论和系统论相提并论，并且把它们组合在一起称为"老三论"。对应于"老三论"，当然会有"新三论"。"新三论"是耗散结构论、协同论、突变论。"新三论"在管理学和信息科学各个领域当中也起到了非常重要的作用。

> **小知识**
>
> 耗散结构论的创始人是伊里亚·普里戈金教授，由于对非平衡热力学尤其是建立耗散结构论方面的贡献，他荣获了 1977 年诺贝尔化学奖。耗散结构论把宏观系统分为 3 种：①与外界既无能量交换又无物质交换的孤立系统；②与外界有能量交换但无物质交换的封闭系统；③与外界既有能量交换又有物质交换的开放系统。他指出，孤立系统永远不可能自发地形成有序状态，其发展的趋势是"平衡无序态"；封闭系统在温度充分低时，可以形成"稳定有序的平衡结构"；开放系统在远离平衡态并存在负熵流时，可能形成"稳定有序的耗散结构"。
>
> 协同论是研究不同事物共同特征及其协同机理的新兴学科，是近十几年来获得快速发展并被广泛应用的综合性学科。它着重探讨各种系统从无序变为有序时的相似性。协同论认为，千差万别的系统，尽管其属性不同，但在整个环境中，各个系统间存在着相互影响而又相互合作的关系。其中也包括通常的社会现象，如不同单位间的相互配合与协作，部门间关系的协调，企业间相互竞争的作用，以及系统中的相互干

扰和制约等。应用协同论，可以把已经取得的研究成果，类比拓宽于其他学科，为探索未知领域提供有效的手段，还可以找出影响系统变化的控制因素，进而发挥系统内子系统间的协同作用。

突变论是研究自然界和人类社会中的连续渐变如何引起突变或飞跃，力求以统一的数学模型来描述，预测并控制这些突变或飞跃的一门学科。突变论认为，系统所处的状态可用一组参数描述。当系统处于稳定状态时，标志该系统状态的某个函数取唯一的值。当参数在某个范围内变化，即该函数值有不止一个极值时，系统必然处于不稳定状态。系统从一种稳定状态进入不稳定状态，随参数的再变化，又使系统从不稳定状态进入另一种稳定状态，那么，系统状态就在这一刹那间发生了突变。突变论给出了系统状态的参数变化区域。

控制论的诞生是 20 世纪最伟大的科学成就之一。现代社会的许多新概念和新技术都与控制论有密切联系。控制论是自动控制、电子技术、无线电通信、计算机技术、神经生理学、数理逻辑、语言等多种学科相互渗透的产物。它以各类系统所共同具有的通信和控制方面的特征为研究对象，不论是机器还是生物体，或是社会。控制论认为，不同性质的系统，都是根据周围环境的某些变化来调整和决定自己的运动。

控制论的创立者是诺伯特·维纳，如图 5.1 所示。诺伯特·维纳是天才的代名词。据说他 3 岁就会读写，3 年读完了中学的课程，12 岁申请大学，18 岁获得了哈佛大学的博士学位，39 岁成了美国科学院院士，54 岁出版了著名的专著《控制论》。在《控制论》这本专著中他给出了控制论的定义：控制论是关于在动物或机器当中控制或通信的科学。并且，也给出了信息和控制的定义。维纳认为，在控制论中，"信息"是人与客观世界进行交换的内容，它既不是物质，也不是能量。而"控制"是为了改善某个或某些受控对象的功能或发展，需要获得并使用信息，以这种信息为基础而选出的、作用于该对象上的。

图 5.1　诺伯特·维纳

由此可见，控制的基础是信息，一切信息传递都是为了控制，进而任何控制又都依赖于信息反馈来实现。信息反馈是控制论中一个极其重要的概念。通俗地说，信息反馈就是指由控制系统把信息输送出去，又把其作用结果返送回来，并对信息的再输出产生影响，起到制约的作用，以达到预定的目的。

借助于信息反馈这样一个概念，从控制论角度可以将管理看作一个控制系统和客观世界之间相互沟通的方式。控制系统向客观世界发送信息，客观世界又将一些状态信息返回给控制系统。控制系统接收到这些反馈信息以后进一步作用在客观世界上。可以进一步思考，这样一种控制系统和客观世界之间的相互沟通方式实际上对应了一种理想状态下的管理模型，即管理者向被管理者发送指令信息，被管理者向管理者发送状态信息。如果将被管理者看作信息系统，那么实际上也可以看作信息系统的概念模型，如图5.2所示。

图 5.2　信息系统的概念模型

此外，信息反馈原则也说明，在管理或信息系统建设过程中，需要及时、有效地收集和接收组织系统内、外信息，对信息进行科学的分析和处理，把握"计划出入"和"行动偏差"，并分析其原因。此外，还需理解反馈的意图和必要性，从而确定有效的反馈方法、途径和步骤。

5.2　系统论

系统论是把研究和处理的对象看作一个整体系统来对待，并研究系统的结构、特点、行为、动态、原则、规律以及系统间的联系，同时对其功能进行数学描述的学科，从而从本质上说明其结构、功能、行为和动态，以把握系统整体，达到最优的目标。

如果说信息论和控制论都有一个发明者或者奠基人，那么系统论则是一批学者各自独立研究，共同完善的。不过一般认为，1945年奥地利生物学家贝塔朗菲发表的《关于一般系统论》的文章，标志着系统论真正的诞生。1968年贝塔朗菲发表的专著《一般系统论——基础、发展和应用》，被公认为是这门学科的代表作。系统论的主要观点有以下2个。

1) 开放系统需要和外界进行物质、能量或者信息交换。

2) 一个封闭系统，即不和外界进行物质、能量或者信息交换的系统，总是朝着熵增加的方向变化。也就是说，它会由有序逐渐变为无序。

> **小知识**
>
> 图5.3所示是物理学上著名的麦克斯韦妖示意图。有人试图用它来反驳系统论的第二个观点，即封闭系统总是朝着熵增加的方向变化。图中假设有A、B两个房间，里面有一些冷的分子和热的分子。冷的分子标记成菱形点，热的分子标记成圆形点。在两个房间当中有一扇门。现在，如果有热的分子想从A房间到B房间，那么这扇门就会打开。如果冷的分子要从B房间到A房间，那么这扇门也会打开。于是所有冷的分子都会到A房间，而所有热的分子会到B房间。然后有人就说，这是一个封闭的系统，但它的熵是变小的。但实际上这些人忘记了如果要打开这扇门的话，必须专门查看所进出的分子到底是冷分子还是热分子，而负责查看的就是麦克斯韦妖。所以这个

例子最后没有驳倒系统论，反倒说明了一个系统只有和外部进行信息交换才会变得不那么无序。

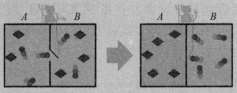

图 5.3　麦克斯韦妖示意

系统论的基本原理如下。

1）整体性原理：系统是一个整体，整体大于各部分之和。

2）层次性原理：系统有大小、等级之分。可以把一个系统分成不同的组成部分或子系统，该系统又是比它更高级、系统的组成部分或子系统。

3）相关性原理：系统的各组成要素或部分按一定方式结合在一起，它们之间通过相互联系、相互影响和相互制约，使系统表现出一定的功能。

4）结构性原理：系统内各组成要素或部分之间相互作用的关系，形成系统的结构。系统的结构与功能密不可分。系统结构改变，功能也跟着改变。

5）动态性原理：系统是发生、发展和变化的。系统内部各组成要素或部分之间，以及系统与外部环境之间的相互作用都能导致系统的改变。

6）目的性原理：系统表现出特定的目的，系统的运作是一个有目的的行为。系统的目的性是由系统自身的特性，以及系统与环境之间的相互作用决定的。

系统论的这些基本原理给管理学带来了一些启发。例如：进行一个个系统工程不仅要求在空间上进行整体考虑，时间上也需要考虑；在管理过程中，任何局部的改进都要放回整体中考察；在信息系统开发与建设过程中，要考虑各方面因素，使整体功能大于部分之和；在信息系统管理过程中，遇到问题、分析问题时，要遵循科学方法，而不是简单经验。

5.3　其他信息系统相关理论

除了控制论与系统论，与信息系统相关的主要理论还包括以下 3 种。

1. 信息生命周期理论

信息生命周期是指信息被收集、存储、加工和维护使用的整个过程，包括 7 个阶段：信息需求定义、信息采集、信息传输、信息处理、信息存储、信息传播以及信息利用。在信息利用过程中可能产生新的信息需求，从而进入下一个信息生命周期。如图 5.4 所示。这些阶段基本和本书前文所介绍的信息处理流程一致。信息生命周期理论说明，在管理和涉及信息系统生产过程中要注意信息的增值和工作的分担。

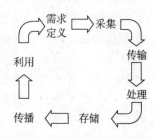

图 5.4　信息生命周期理论

2. 信息生态理论

信息生态理论是从生态学角度分析信息的理论。信息生态是一个由人、行为、价值和技术在一定的环境下所构成的系统，如图5.5所示。在信息生态中，其核心并非技术，而是技术所服务的人类。

信息生态理论的主要特征包括以下4个。

1）认识各种类型信息的集成。
2）认识信息生态的发展演变。
3）强调对现有信息环境的观察和描述。
4）焦点是人和信息行为。

信息生态理论说明了在信息系统开发和管理的过程中，需要时刻接收外部的信息，从而进行调整。

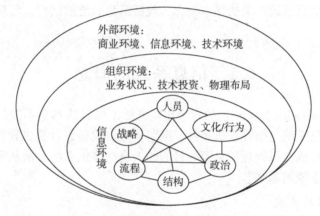

图5.5　信息生态理论

3. 信息构建理论

信息构建理论是信息系统内组织、导航、标识和搜索体系设计的总和，旨在帮助人们有效地管理信息以及快速地查找信息。其准则可以表述为"使信息可被理解"和"按表达预定意图的方式传递信息"。它实际上阐述的是海量信息如何组织、存储和查询，这对于构造海量信息处理和大数据处理系统是非常有必要的。

本章小结

本章简要介绍了控制论和系统论中与信息资源管理相关的理论和概念，并介绍了信息生命周期理论、信息生态理论与信息构建理论，这些理论为后续信息系统开发和建设提供了理论基础。

习题

1. 请阐述系统论的主要观点。
2. 简述信息生命周期理论、信息生态理论以及信息构建理论的概念。

第 6 章　信息系统概述

本章主要介绍信息系统相关的基本概念,包括信息系统的结构,信息系统的类型等。

6.1　信息系统的概念

信息系统（Information System）的定义比较宽泛,可以从各个不同的角度去理解。可以简单理解为：信息系统是由计算机硬件、网络和通信设备、计算机软件、信息资源、信息用户和规章制度组成的以处理信息流为目的的人机一体化系统。而从下面两个特殊的角度可以加深对信息系统的理解。

1. 输入和输出的角度

从输入和输出的角度来看,信息系统是接收输入的数据,按人们预定的指令要求进行处理,并输出有用信息的人机系统。这个定义实际上对应了信息系统的逻辑模型,如图 6.1 所示。

图 6.1　信息系统的逻辑模型

在面向过程的信息系统分析与设计方法当中,常常会选择数据流图作为信息系统分析的工具。在数据流图中,顶层数据流图就是将一个信息系统看作一个处理过程,信息从一个存储单元流入到处理过程当中,然后流入到另一个存储单元当中。所以从输入和输出的角度来看,一个信息系统实际上就对应一个顶层的数据流图。

2. 集合论的角度

在集合论的角度下,信息系统是某些实体的有限集合,可以表示成一个四元组：$S = \{X, A, V, P\}$, $X = \{x_1, x_2, \cdots, x_n\}$ 代表 n 个对象的有限集合, $A = \{a_1, a_2, \cdots, a_D\}$ 代表对象对应的 D 个属性集合, $V = \{v_{a_i}^1, v_{a_i}^2, \cdots, v_{a_i}^n\}$ 代表属性 a_i 的值的集合, $P = X \times A \rightarrow V$ 的映射。分析可以发现,这样一个四元组,代表了一张二维信息表。在这张二维信息表中,每一行代表一个对象 x, 每一列代表对象的一个属性 a, 不同行、不同列相应的取值代表不同对象在不同属性下的取值 v。所以,从集合论的角度来看,信息系统可以抽象成一张二维信息表。

从集合论的角度可以将信息系统定义成二维信息表，而二维信息表是关系型数据库的基础，因此，信息系统和数据库管理系统具有非常紧密的联系。但信息系统和数据库管理系统也有比较大的差别，主要集中在以下4个方面。

1) 信息系统要比数据库管理系统具有更友好的用户接口。在数据库管理系统中，对数据进行增加、删除、修改、查找都需要使用相应的数据库查询语言。但是在一个信息系统中，如果要实现相应的操作，通常只需要简单的输入、进行简单的选择即可实现。

2) 信息系统相比于数据库管理系统会具有更强大的数据处理功能。数据库管理系统的主要作用是进行数据管理。但对于一个信息系统，可以在数据库管理系统之上增加一些相应的信息处理方法，如前文谈到的相关性分析、回归分析等智能信息处理方法，因此它能够拥有更强大的数据处理能力。

3) 信息系统具有更直观的知识表示方法。在信息系统当中，通常会有一些数据可视化方法，能够从多角度、多方位观察数据，从而将数据中发现的信息，以及从信息中发现的知识，以一种更直观的方式表示出来，便于人们更好地掌握知识，进行更合理的决策。

4) 数据库管理系统不针对某一特定的应用，只起到底层的数据管理的作用。但是一个信息系统一定是针对某一个特定的应用设计开发的。因此，一个特定应用所需要相应特点会集中体现在这个信息系统上。

信息系统、数据库管理系统、操作系统以及硬件系统之间的相互关系如图6.2所示。可以发现，与硬件系统关系最密切的是操作系统，其负责管理各个硬件。而数据库管理系统通常建立在操作系统之上，借助于操作系统来进行数据管理。信息系统则是进一步建立在数据库管理系统之上，进行更高级的数据分析。

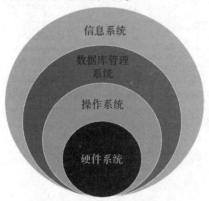

图 6.2 各系统间的关系

6.2 信息系统的结构

信息系统的结构，指的是信息系统内部各个组成部分构成的框架结构。信息系统的结构也有很多种理解方式，主要需要了解以下3种。

1. 概念结构

概念结构是指从信息系统各组成部分的功能上，来观察一个信息系统的结构。从信息系统的概念结构来看，一个信息系统可以分成4个部分，即信息管理者、信息源、信息处理器、信息用户，如图6.3所示。

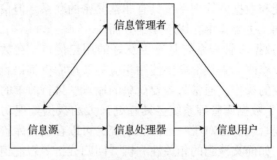

图6.3　信息系统的概念结构

图中箭头代表每一个组成部分之间存在一定的信息交流。信息管理者和信息源之间有一个双向的箭头，代表信息管理者会向信息源采集信息，同时也会向信息源存储一些新的信息。

2. 层次结构

层次结构是从信息系统的软件模块构成角度，对信息系统进行划分。信息系统的层次结构可以分为两种，一种是扁平结构，另一种是陡峭结构。扁平结构即软件各个模块所构成的树形结构图的深度相对比较浅，如图6.4（a）所示。陡峭结构指的是信息系统各个软件模块组成的树形图的深度相对比较深，如图6.4（b）所示。

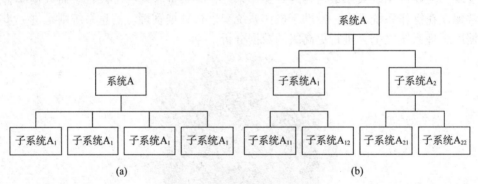

图6.4　信息系统的层次结构
（a）扁平结构；（b）陡峭结构

3. 空间结构

空间结构是指从信息系统的软/硬件、数据等资源在空间的分布情况，来观察信息系统的结构，如图6.5所示。图6.5代表信息系统从空间结构上具有集中式、集中-分布式以及分布式3类结构。在集中式结构中，T代表终端，D和P代表磁盘和打印机等外设，如图6.5（a）所示。通常情况下，终端和外设是不具备信息处理能力的，只能响应输入或者反馈输出。终端和外设接收到输入以后，都要将其发送到后台的大型计算机进行运算，然后将运行结果返回到终端。在计算机技术发展的前期，信息系统的空间结构大部分都是集中式的。随着计算机技术的发展，终端设备也开始具备了一些处理能力，由单纯的输入/输出设备变成小型计算机或者工作站。由此，信息系统的空间结构也从集中式转变成集中-分布式，如图6.5（b）所示。随着计算机技术的进一步发展，没有信息处理能力的终端逐渐被淘汰，集中式的信息系统也慢慢退出舞台，各个工作站通过互联网互联成一个分布式的信息系统，如图6.5（c）所示。

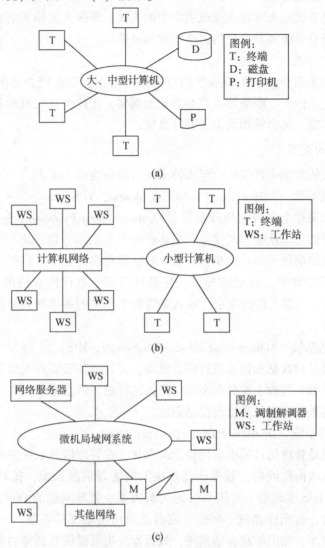

图6.5 信息系统的空间结构
(a) 集中式；(b) 集中-分布式；(c) 分布式

6.3 信息系统的类型

1. 生活中的信息系统

信息系统在生活中随处可见，最熟悉的有以下3种。

（1）物品管理信息系统

物品管理信息系统可以用来管理各种物品，掌握物品的各类型信息，包括物品的存放、取出等。图书馆管理信息系统就是最常见的一类物品管理信息系统。通过图书馆管理信息系统可以方便地查询书目、确定书目所在楼层和相应的房间，由此快速获取想要的书籍。

(2) 人事管理信息系统

人事管理信息系统用来管理企业或组织中的人员，掌握人员相关信息。学生管理信息系统、教师管理信息系统都是典型的人事管理信息系统。

(3) 电子商务系统

电子商务系统是指企业、消费者、银行等在网络上，以实现企业电子商务活动的目标，满足企业生产、销售、服务等生产和管理的需要，支持企业的对外业务协作的信息系统。大家在网上购物，都会使用到电子商务系统。

2. 信息系统的类型

尽管信息系统的类型多种多样，但大体来说可以分为以下4类。

(1) 事务处理系统（Transaction Proceeding System，TPS）

事务处理系统又称电子数据处理系统（Electronic Data Processing System，EDPS），是指面向企业最底层的管理系统，对企业日常运作所产生的事务信息进行处理。TPS的特点是处理问题的高度结构化，但功能单一。TPS的运行直接简化了人们的日常工作，提高了作业层管理者的工作效率，特定情况下，甚至可以完全取代作业层的手工操作。因此，TPS处理的工作位于管理工作的底层，输入是管理工作中的各类初始单据，输出则是分类和汇总的各种报表。

(2) 管理信息系统（Management Information System，MIS）

管理信息系统是对数据和信息进行综合处理，并付诸各级管理人员进行管理决策的信息系统。MIS是在TPS基础上发展起来的。应该这样说，信息系统多种多样，类型、数量众多，但在其中占最大比例的是管理信息系统。

(3) 决策支持系统（Decision Support System，DSS）

决策支持系统是管理信息系统应用概念的深化，在管理信息系统基础上发展起来的系统。DSS是解决非结构化问题，服务于高层决策的管理信息系统，按其功能可分为专用DSS、DSS工具和DSS生成器。专用DSS是为解决某一领域问题的DSS。DSS工具是指某种语言、操作系统、数据库系统。DSS生成器是通用决策支持系统。一般DSS包括数据库、模型库、方法库、知识库和会话部件。数据库为决策提供数据能力或资料能力。模型库为决策提供分析能力的部件，模型能力的定义是转化非结构化问题的程度。方法库是由各种通用性和灵活性都比较强的方法程序组成的集合。知识库是针对某一（或某些）领域问题求解的需要，采用某种（或若干）知识表示方式在计算机中存储、组织、管理和使用的互相联系的知识集合。会话部件又称接口部件，是人和决策支持系统联系的接口。DSS数据库不同于一般数据库，其是在原基层数据库的基础上建立起来的专用数据库。现在，一般由数据仓库（Data Warehouse）来充当DSS数据库。

(4) 知识工作信息系统（Knowledge Work System，KWS）

知识工作信息系统是指辅助专业人员、为企业开发新产品而使用的专业化信息系统，如CAD工作站、投资分析系统等。KWS是一种利用专业领域内的知识对企业内部或外部的信息进行处理的信息系统。它为知识工作者提供必要的信息工具和手段，具有专业的模型和强大的数据分析处理能力。

6.4 信息系统的生命周期

从广义的角度来看，一个信息系统的生命周期是这个信息系统从开始开发，一直到最后不再使用的时间阶段。从比较狭义的角度来看，信息系统的生命周期仅仅包括信息系统的开发和建设阶段。

狭义角度下的信息系统生命周期通常可以划分为 5 个阶段，分别是系统规划、系统分析、系统设计、系统实施和系统运行与维护，如图 6.6 所示。前面 4 个阶段是信息系统开发和建设生命周期中比较重要的阶段。信息系统规划，指的是对一个新信息系统提出其目的、需求、规模和安全要求。信息系统分析，是指分析现有信息系统的缺陷，确定新系统逻辑结构和功能。在信息系统设计阶段，主要是根据信息系统分析阶段产生的逻辑模型，构造信息系统的物理模型。在信息系统实施阶段，是要编写具体的代码来实现信息系统。在信息系统的运行与维护阶段，主要是保证开发出的信息系统能够在特定的环境下安全运行。

图 6.6 信息系统的生命周期

6.4.1 信息系统规划阶段

在信息系统规划阶段，主要确定为什么要开发这个系统，以及在现有的各种条件下是否有可能将信息系统开发出来（开发的可行性）。因此，在信息系统的规划阶段，需要做两件事情，一件是确定企业目标，同时将其转换为信息系统目标；另一件是进行可行性分析，也就是从经济、技术、环境等方面来分析，确定信息系统能否顺利开发，并将分析结果编制成可行性分析报告。

1. 转换企业目标

（1）诺兰阶段理论

确定企业目标时，需要了解企业信息技术的利用情况，这主要是通过诺兰阶段理论来确定的。所谓的诺兰阶段理论，指的是企业吸收信息技术及其学习过程，可以描述为一系列的 S 形曲线，每条曲线都可以被划分为 4 个阶段。例如，20 世纪 60 年代到 21 世纪初企业对计算机技术利用的情况，如图 6.7 所示。

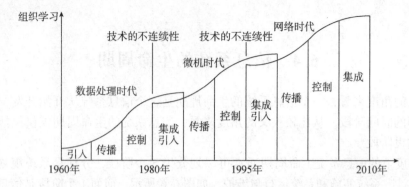

图 6.7 诺兰阶段理论示意

在 20 世纪 60 年代到 80 年代，企业对计算机技术的利用处于数据处理时代。在这个时代中，计算机技术经历了引入、传播、控制、集成 4 个阶段。而在集成阶段，随着技术的进一步发展，企业对计算机技术的利用进入了微机时代。同样，企业在微机时代对计算机技术的利用也经历了引入、传播、控制、集成 4 个阶段。最后到网络时代，企业再次经历了这样的 4 个阶段。

引入、传播、控制、集成 4 个阶段分别具有各自的特点。引入阶段，指的是企业开始采用新技术。传播阶段，指的是新技术在企业各部门蔓延。控制阶段，指的是新技术在企业的各部门当中重复使用，采取相应的措施来控制部门重复使用新技术。最后的集成阶段，指的是各部门集成新的技术，从而形成一个完善的信息系统。

 示例 6.1

对某企业的信息系统的初步调查。该企业于 1983 年开展计算机辅助管理工作，在硬件设备配置、软件开发、技术队伍方面已经初具规模，随着企业从单纯生产型向生产经营型转变，生产过程日趋复杂，具体表现在以下 3 个方面。

1）长期采用的传统手工或微机加手工管理方式，满足不了任何一种产品生产全过程的动态信息管理。

2）各部门间信息沟通不畅造成信息大量冗余和差异，决策者得不到他所想要的准确信息。

3）现行的系统主要用于人事管理、财务管理、计划、统计、计件、工资管理等，没有把已经建立的系统与相关的数据结合起来，完成成本核算。

根据诺兰阶段理论分析，企业目前处于哪一阶段呢？

很明显，企业目前处于控制阶段。可以看到，企业在硬件设备配置、软件开发和技术队伍方面已经初具规模，所以这个企业已经完成技术的引入阶段。而且信息系统已经在各个部门中得到了应用，因此企业已经经过了技术传播阶段。此外，现行的系统主要用于人事管理、财务管理、计划等，由于各个部门之间信息沟通不畅，造成大量的信息冗余和差异，由此可以看出企业对于信息系统技术利用处于控制阶段。接下来企业将进入集成阶段，目标是将各个部门中使用的信息系统集成，形成一个完善的成本核算系统。

（2）米歇尔模型

除了诺兰阶段理论，米歇尔模型也可以用来观察企业对信息系统的利用状况，并且，米歇尔模型能够说明每一个阶段变化相应的机制是什么。因此,相比诺兰阶段理论,米歇尔模型具有更好的解释性。米歇尔模型的示意如图 6.8 所示。

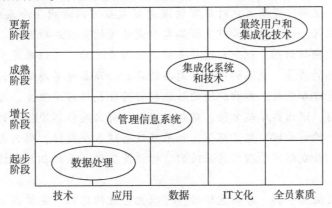

图 6.8　米歇尔模型的示意

米歇尔模型将一个企业新技术的使用也分成 4 个阶段,分别是起步阶段、增长阶段、成熟阶段以及更新阶段。在起步阶段,信息系统的技术主要是用来进行数据处理的,关注的主要是技术和应用。在增长阶段,数据处理信息系统会逐渐转变成管理信息系统,而导致这样的原因是应用的驱动和数据的增加。到了成熟阶段,管理信息系统又会过渡到集成化的信息系统,而产生这种变化的原因可能是企业的 IT 文化。最后,米歇尔模型认为整个企业员工素质的增强,对技术的熟悉程度是导致系统进入更新阶段,开始关注最终用户和集成化技术的原因。

当对企业的信息技术利用状况分析完毕后,就要思考如何将企业目标转换成信息系统的目标。常用的转换方法是关键成功因素法(Critical Success Factors,CSF)。关键成功因素法是通过分析找出使企业目标达成的关键因素,然后围绕这些关键因素来确定系统的目标,并进行规划。CSF 法一共分为 4 个步骤,分别是目标识别、CSF 识别(关键成功因子识别)、性能指标识别和定义数据字典。

通过一个简单的案例,来阐述关键成功因素法,如图 6.9 所示。

案例——超市期望设计信息系统实现目标:提高客户满意度
- 目标识别:提高客户满意度
- CSF识别:商品特征、购物环境、服务状况
- 性能指标识别
  ✓ 商品特征:商品质量、价格、品种
  ✓ 购物环境:环境卫生、进出线路、购物安全
  ✓ 服务状况:员工素质、投诉处理、结算环节

图 6.9　关键成功因素(CSF)法案例

 示例 6.2

假设有一个超市期望设计超市管理信息系统,实现如下目标:提高客户对超市的满意度。

第一步，目标识别。通过 CSF 法，进行目标识别，即提高客户的满意度。这个要求看上去非常抽象，怎么把它落实到信息系统的建设过程中呢？

第二步，CSF 识别。提高客户对超市的满意度主要可以考虑 3 个层面，即商品特征、购物环境和服务状况，这 3 个层面就是提高客户满意度的关键成功因素。

第三步，性能指标识别。识别出这些关键成功因素之后，可以来定义性能指标。商品特征可能包括商品的质量、商品的价格、商品的品种。商品质量越好、价格越低、品种越全，那么其特征也就越明显。购物环境的性能指标可能包括环境卫生、进出线路、购物安全。环境卫生越好、进出线路越方便、购物越安全，那么购物环境就越好。服务状况可能指的是员工素质、投诉处理、结算环节，如果能改善这 3 个指标，那么也就能使服务状况得到提升。因此，开发超市管理信息系统的目标就是提供一系列相应的技术，并优化总结出这些性能指标。

第四步，定义数据字典。分析完毕后，可以把企业的目标、关键成功因素以及每个关键成功因素相应的性能指标组织起来，用鱼骨图（因果图、树枝图）的方式把它直观地表示出来，如图 6.10 所示。

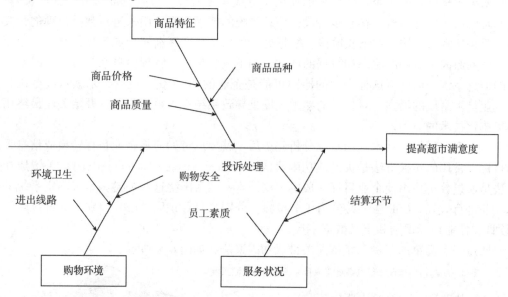

图 6.10 利用 CSF 法提高客户满意度的鱼骨图

可以发现，CSF 方法是一种自顶向下分析问题、解决问题的方法。

2. 信息系统可行性分析

信息系统可行性分析是通过对信息系统开发的主要内容和配套条件等需求，为信息系统开发决策提供依据的一种综合性的系统分析方法。可行性分析应具有预见性、公正性、可靠性、科学性的特点。

信息系统可行性分析包括以下 6 个方面的内容。

1）投资必要性：主要根据市场调查及预测的结果，以及有关的产业政策等因素，论证信息系统建设的必要性。

2）技术的可行性：主要从信息系统实施的技术角度，合理设计技术方案，并进行比选和评价。

3）财务的可行性：主要从信息系统投资者的角度，设计合理的财务方案，从企业理财的角度进行资本预算，评价信息系统的财务盈利能力，进行投资决策。

4）组织的可行性：制订合理的信息系统开发实施进度计划、设计合理的组织机构、选择经验丰富的管理人员、建立良好的协作关系、制订合适的培训计划等，保证项目顺利执行。

5）经济的可行性：从资源配置的角度衡量信息系统的价值，评价信息系统在实现经济发展目标、有效配置经济资源等方面的效益。

6）风险因素控制的可行性：对信息系统的市场风险、技术风险、财务风险、组织风险、法律风险、经济及社会风险等因素进行评价，制定规避风险的对策，为信息系统开发全过程的风险管理提供依据。

6.4.2　信息系统分析阶段

信息系统的分析阶段是信息系统的逻辑模型设计阶段，是整个信息系统设计的关键阶段。在这个阶段中，需要形成信息系统的逻辑模型，并在系统建议说明书中详细地说明信息系统逻辑模型的构建方法及具体细节。

构建信息系统的逻辑模型包括两种方法：一种是结构化的分析方法；另一种是面向对象的分析方法。在结构化的方法中，使用数据流图、数据字典、结构化语言等工具，来描述逻辑层面信息系统的结构和功能。在面向对象的方法中，使用用例图、状态机图、顺序图等 UML 模型，来描述信息系统的功能、数据状态变化以及数据交互。图 6.11 展示了结构化分析方法中形成的一个分层的数据流图，以及面向对象分析方法中构造的顺序图。

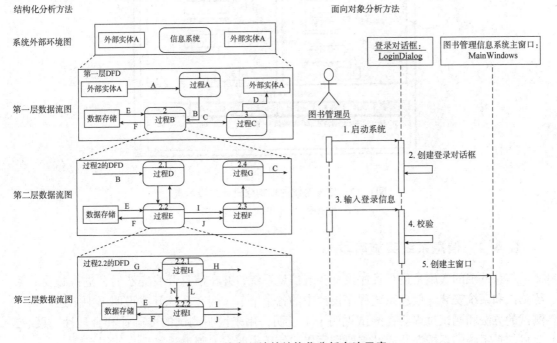

图 6.11　信息系统的结构化分析方法示意

6.4.3 信息系统设计阶段

信息系统分析结束后,进入信息系统的设计阶段。信息系统的设计需要确定信息系统的物理存储模型以及信息系统的设计策略,主要包括软件模块的基本架构、数据库结构、人机界面、硬件和网络结构等,这些内容会形成系统设计说明书。和信息系统分析方法类似,信息系统设计也有两种方法,即结构化的设计方法和面向对象的设计方法。在信息系统结构化的设计方法中,主要使用模块图来说明软件模块的结构。在面向对象的设计方法中,使用用户界面设计图,来初步显示系统功能和交互方式。图 6.12 显示了模块图和用户界面设计图。

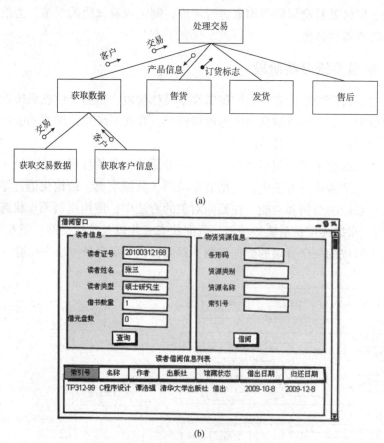

图 6.12 信息系统的结构化设计方法示意
(a) 模块图;(b) 用户界面设计图

6.4.4 信息系统实施阶段

信息系统的实施是进行程序设计实现信息系统,并在信息开发完毕后,进行必要的系统测试和系统安装。信息系统程序设计中的各个细节,会在系统开发说明书中阐述。软件测试的方法和测试过程会在测试说明书中说明,用来说明测试的准确性和合理性。最后,完成信息系统的系统安装后,需要撰写用户使用说明书,帮助最终用户使用系统。

6.4.5 信息系统运行与维护阶段

信息系统运行与维护阶段包括信息系统运行与信息系统维护。

1. 信息系统运行

信息系统运行的主要工作内容如下。

1)日常例行操作：包括新数据的录入、存储、更新、复制、统计分析、报表生成以及与外界数据的交流。这些工作一般是按照确定的操作规程进行的，重点要确保数据的准确和及时。

2)临时性信息服务：进行临时性的即时查询检索并按要求生成报表，进行某种预测或方案预算等。

3)运行情况的记录：这是十分重要的宝贵资料，为系统的评价和系统的改进提供重要的依据。其需要记录的内容主要包括：①工作量、开机时间、单位时间内（每月、每周、每日）录入数据量、各种数据使用频率、用户临时性要求满足程度等。这些数量虽然增加了系统工作负担，但扩大了信息服务的规模，是信息系统应用功能的具体体现。②效率。系统为了完成一次正常工作占用的人力、物力和财力。例如，完成一次年度报表，用了多少时间；用户进行一次正常查询用了多少时间等。③服务质量。系统提供的服务方式是否得到用户的认可，满意程度如何，所提供的信息是否符合要求。④故障记录和维修情况。对系统运行过程中出现的故障，无论大小，都要详细记录，包括故障发生的时间、现象、故障发生时的工作环境、处理方法、处理结果、处理人员的姓名、善后应处理措施和原因分析等。

2. 信息系统维护

信息系统维护是为了使信息系统适应环境和各种其他因素的变化，当信息系统发生故障或者局部不理想时，及时进行维修和改进，保证信息系统正常的工作以满足系统用户对系统的要求。信息系统只有在不断维护的过程中才能获得完善。信息系统维护主要包括系统的硬件和软件维护。

1)硬件维护是指对硬件系统的日常维修和故障处理，注意环境温度、湿度的变化，电源等是否正常，按期对设备进行例行检查保养。可以对设备进行自检，发现异常要及时排除。故障维修必须由专职人员或设备供应商完成，必要时可以停机修理。停机前必须保护好现有数据。关键数据设备要实现双备份，利用双机备份实现停机不停系统。

2)软件维护是信息系统中最重要的方面，软件维护的工作量相当大。软件维护是指在软件交付使用之后，为了改正软件当中存在的缺陷，扩充新功能，满足用户新要求，延长软件寿命而进行的修改工作。随着软件数量的增多和软件复杂性的增加，软件维护费用还会继续增加。软件维护的内容与软件开发过程中所投入的人力、财力资源和开发水平密切相关。在软件开发过程中经过不同人员、不同条件、不同环境、不同阶段的反复测试后，软件一般具有较高的质量，在维护阶段就不需要投入过多的精力，维护的工作量会大大减少。

6.4.6 信息系统的文档

信息系统开发的每个阶段都会生成相应的文档。整个信息系统从建设到完成，会产生

6个重要的文档,包括可行性分析报告、系统建议说明书、系统设计说明书、系统开发说明书、测试说明书和用户使用说明书。

信息系统的文档是非常重要且必不可少的,通常文档和计算机程序共同构成能够完成特定功能的计算机软件。因此,一个计算机软件如果仅仅有程序,而没有文档,是不完整的。此外,信息系统的文档是以书面形式记录的数据和数据媒体,具有固定不变的形式,可以供人或计算机阅读。

信息系统文档的作用有以下3个。

1)文档是开发人员之间沟通的工具。开发大型信息系统通常是多个开发人员共同工作的结果,文档在多个开发人员之间的沟通交流中起到重要的作用。

2)文档是维护系统的指南。系统维护人员通常并不参与系统开发,因此要进行信息系统的维护,必须了解系统的各个细节,这时信息系统开发文档就必不可少。

3)文档是用户使用系统的帮助。用户熟练使用系统,了解系统各个功能,不可能由开发人员来解释,查阅用户使用说明书是最方便的方法。

本章小结

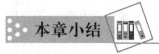

本章从两个角度介绍了信息系统的概念,分别从输入/输出角度和集合论的角度来详细说明。此外,本章介绍了信息系统中的3种结构,即概念结构、层次结构和空间结构,同时还介绍了常见的4种信息系统类型。然后介绍了信息系统开发的生命周期,每个阶段的相应工作以及产生的文档,并说明了文档的作用。

习题

1. 哪一类信息系统会利用到数据挖掘技术?
2. 信息系统的层次结构包括哪两种?
3. 诺兰阶段理论将企业对新技术的利用分成几个阶段?
4. 系统规划中将企业目标转换为系统目标的方法是什么?
5. 信息系统开发与建设生命周期包括哪几个阶段?

第 7 章　信息系统经济资源管理

本章开始讨论信息系统开发和建设过程中出现的各项资源的分配和利用情况。这些资源包括经济资源、人力资源、时间资源等。从信息资源管理角度出发，主要目的是通过信息系统开发和建设过程中产生的各种信息，对这些资源进行分配和安排，从而保证资源在可控的范围之内。本章主要介绍信息系统经济资源管理，即通过反馈得到的关于信息系统的各项经济数据，以及管理信息系统的经济资源。

7.1　信息系统经济资源管理概念

信息系统的经济资源管理，可以分成两个部分，一部分是对信息系统的成本进行估算，另一部分是对信息系统产生的经济效益进行评价。

在信息系统的成本估算过程中，要了解成本估算的意义以及不合理成本估算的危害。

成本估算的意义包括 3 个方面，第一，成本估算是项目成功与否的判断标准。信息系统的成本是整个项目开发的基础，如果成本估算不准确，则项目的开发计划就不会制订好。而如果项目的开发计划制订不好，那么项目的质量和进度就不能得到很好的控制。第二，成本估算是信息系统开发方进行项目决策、资金筹集、评价定标的依据。合理的成本估算可以让开发方选用合理的资金筹集方式，在进行决策时也有根据。第三，成本估算是信息系统开发方进行成本控制和绩效考核的依据。信息系统总成本是各个部分的成本之和，合理的总成本估值，可以得到合理的部分成本值，由此可以对各个部分负责人进行更加合理的绩效考核。

不合理的成本估算会有 2 个方面的危害。首先是过分乐观的估计。所谓过分乐观的估计，是指对信息系统的成本估算过低，这样会导致在系统开发合同投标中虚报低价，在系统开发后期出现资金紧张，顾此失彼，不能做到系统的最优化设计。其次是过分悲观的估计，是指对这个系统的成本估算过高，这时需求方就不会进行这个项目的开发，导致项目的失败。

对信息系统的经济效益进行评价时，可以使用多个指标，进行多角度的衡量，从而尽可能了解信息系统真正的经济效益。

7.2 信息系统成本构成

要对信息系统的成本进行正确估算,需要了解信息系统成本的构成。信息系统成本的结构可以从多个角度进行观察,其中最常见的是以下 2 个方式。

1. 按照生命周期对信息系统成本进行划分

在信息系统的开发过程中,其生命周期可以划分为 5 个阶段,即信息系统的规划、分析、设计、实施、运行与维护。把规划、分析、设计、实施 4 个阶段归结在一起,称为开发阶段。在开发阶段产生的成本称为开发成本,运行与维护阶段产生的成本称为维护成本。这两个成本实际上是有一定关系的。假设,现在开发一个较为复杂的信息系统,那么开发成本和维护成本之间就会存在如图 7.1 所示的关系,即当开发成本比较低时,它的维护成本会相对比较高;反之,当开发成本较高时,维护成本相对较低。

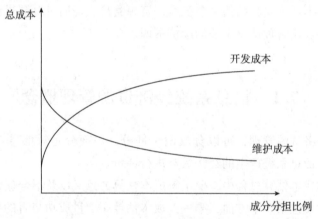

图 7.1 开发成本与维护成本的关系

会呈现出图中所示状况的原因是,在总成本有限的情况下,开发成本降低会限制开发过程中一些具体工作的展开。而如果在开发过程中,有些必要的工作不能有效进行,则信息系统的运行后期可能会出现很多的问题,要来解决这些问题就不可避免地增加相应的维护成本。反过来,如果开发成本比较高,那么在开发过程中各项工作就能够准备得比较充分,做得也比较细致,显然在后续的运行与维护阶段,系统出现问题的可能性就会比较小,因此其运行与维护阶段的成本就会比较低。

2. 按照产生成本的项目进行划分

按照成本项目划分,可以把信息系统的成本分解成硬件购置费用、软件购置费用、基础费用、通信费用等。顾名思义,这些成本的产生是从事相关活动的花费。

7.3 信息系统成本估算

了解了信息系统的成本构成后，就可以对信息系统成本进行有效估算。信息系统的成本估算也称为信息系统的成本测算，含义是根据待开发信息系统的成本特征，以及当前能够获得的有关数据和情况，运用定量和定性的分析方法对信息系统生命周期各个阶段的成本水平以及变动趋势进行科学的评估。

在信息系统成本测算过程中，硬件购置费用是一个比较刚性的需求，基础费用、通信费用、杂项费用也是相对客观，比较容易测算，软件成本测算是评估过程中最为复杂的一个环节。因此，信息系统的成本估算，主要是指软件成本的估算。

估算一个信息系统的软件成本，主要包括4种方法：算法模型法、任务分解法、专家判别法以及其他方法。其中，算法模型法是最为常用也最为客观的方法，任务分解法、专家判别法和其他方法都有相应的主观性。首先介绍后3种方法，再详细阐述算法模型法。

1. 任务分解法

所谓的任务分解法，是将大的系统分解成小的系统，然后分别估算各个小的系统的成本，最后根据各个小系统的成本，整合成一个大的系统的成本，如图7.2所示。任务分解法是一种常用的解决问题的思维方法，即分而治之，逐步求精。当面对一个特别复杂的问题时，把这个问题分成多个能够解决的小问题，是最好的解决问题的方法。因此，使用任务分解法估算一个信息系统的成本，可以先将信息系统按照软件模块的构成进行分解，在逐步细分的过程中，直到发现细分模块成本能够很方便估算为止。例如，一个软件模块是指一个程序员能在一定的时间内完成的任务，于是，程序员的工资乘以相应的时间，大体就是这个软件模块的成本。将所有软件模块的成本加到一起，就可以估算信息系统的成本。

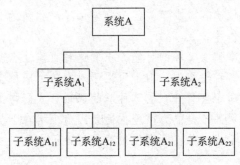

图 7.2　任务分解法示意

2. 专家判别法

专家判别法是指依靠领域专家的经验、直觉，以及对所估算信息系统项目的理解给出成本估算值。专家判别法又分为两种，一种是类比法，就是通过简单的对比已知信息系统的成本，估算当前系统的成本。另一种是 Delphi 方法，指通过综合多个专家的意见来估算信息系统成本。多个专家意见的综合，能消除单个专家意见的主观性。因此，仅从专家判别法角度比较，Delphi 方法要比类比法更加客观。表 7.1 所示是类比法和 Delphi 方法的具体步骤，对比两者的步骤，可以理解类比法和 Delphi 方法之间的区别。

表 7.1　类比法与 **Delphi** 方法差别

类比法	Delphi 方法
Step1：从相似项目特征中选择出最具代表性的特征 Step2：通过选取适当的相似度表达式，评价相似程度 Step3：根据相似的项目数据得到最终估算值	Step1：给每个专家提供一份说明书和一张估算表格 Step2：召开会议，专家或者其他人讨论估算问题 Step3：专家以匿名方式填写表单 Step4：进行估算总结 Step5：关注专家估算结果相差很大的点 Step6：专家再次以匿名方式填写表单，并且适当地迭代重复 Step4～5

3. 其他方法

信息系统成本估算的其他方法指的是价格制胜法和帕金森方法。

1）价格制胜法指的是无条件地迎合客户，无论客户出价多少来开发这个系统，无条件地接受。很明显，价格制胜法是一个很不合理的信息系统成本估算方式。如果客户给出一个非常低的价格，那么开发信息系统可能损失非常大。所以价格制胜法通常情况下是一些软件开发公司在创业初期要打开局面采用的一种方法。

2）帕金森方法指的是利用最多的资源，不计成本地开发信息系统。很显然，这种信息系统成本估算方法是不合理的。

> **小知识**
>
> 帕金森是著名的管理学家，他还提出过一个帕金森定律。帕金森定律、墨菲定律、彼得原理是管理学上非常著名的 3 个规律。帕金森定律指的是在管理结构中，机构会像金字塔一样不断增多，管理人员会不断膨胀，每个人都很忙，但组织效率越来越低下。这条定律又被称为"金字塔上升"现象。它实际上说明，组织有多少资源就会消耗多少资源。假设有一天你当上了主管，你可以找一个下属来帮你分担原本的工作，你会发现原本的工作确实减少了，但是却增加了一些新的工作，如管理下属、监督下属、考核下属的工作等。
>
> 墨菲定律是指如果事情有变坏的可能，不管这种可能性有多小，它总会发生。
>
> 彼得原理说明，在各种组织中，由于习惯于对在某个职位上称职的人员进行晋升提拔，因而雇员总是趋向于被晋升到其不称职的职位。人们在工作中总会发现上司好像能力非常差，其实上司并不是能力很差，而是因为上司在下层岗位上的能力非常出色才得以提拔的，但并不代表他在管理岗位的能力也很出色。

4. 算法模型法

算法模型法是指采用建立在历史数据基础上的测算模型，将成本估计值看作以若干成本影响因素的变量，即 $R = F(X, C)$，式中，R 为信息系统成本；X 是一组影响成本的自变量；C 是模型的一组参数常量；F 是测算模型。

算法模型法的优点是充分利用了以往的经验，受测算人员主观因素影响小。其缺点是对特定开发环境的适应能力不够，无法妥善处理一些异常情况。实际上，为了解决这一缺点，信息系统成本估算的算法模型也在不断地修正和改进。所以，算法模型法仍然是目前主要的信息系统成本估算方法。

算法模型法分为3类,分别是解析模型、列表模型和复合模型。

(1) 解析模型

解析模型,即测算模型是一个解析函数。在解析模型中,最著名的是SDC模型,SDC模型是1969年美国空军委托SDC公司研制的软件测算模型。SDC公司搜集了169个已经完成的信息系统项目的相关信息,其中每个项目包括104个属性,利用统计学方法,保留14个成本相关因素①,然后提出以这14个变量作为驱动的公式,公式为

$$E = a_0 + \sum_{i=1}^{14} a_i x_i \tag{7.1}$$

式中,E 为以人月(Man-Month,MM)为单位的工作量;a_i 是参数;$a_0 = -33.63$,其余参数如表7.2所示。

对于一个新的项目来说,只需要采集这个项目当中14个成本相关因素的数值,然后代入到SDC模型中,就可以计算出这个项目具体的工作量。当得到具体的工作量后,乘以相应工作人员的工资,大体上就能估算出这个信息系统的成本。所以SDC模型的优点是非常的简单,缺点是适应性差。从式(7.1)可知,SDC模型是关于变量的线性模型,而现实问题有很多非线性的情况。

表7.2 SDC模型参数

i	a_i 的值	x_i 的含义	x_i 额定值范围
0	-33.63		
1	9.15	缺少需求分析程度	0~2
2	10.75	设计的稳定性	0~3
3	0.51	数学指令所占百分比	实际值
4	0.46	输入/输出指令所占百分比	实际值
5	0.40	子程序个数	实际值
6	7.28	程序设计语言难易程度	0~1
7	-21.45	事务性应用	0~1
8	13.53	应用程序与操作系统相关程度	0~1
9	12.35	是否第一个程序	0~1
10	58.82	是否与硬件同时开发	0~1
11	30.61	是否用到随机存储设备	0~1
12	29.55	开发时用的机器是否与运行时用的不同	0~1
13	0.54	雇员往返次数	实际值
14	-25.20	是否由军事部门开发	0~1

---

① 大家可以思考,按照以前学过的哪些方法,可以从104个属性中选出14个重要的成本相关属性。

（2）列表模型

列表模型指成本测算模型为一系列的表格。在列表模型中，最著名的是 Wolverton 模型。Wolverton 模型是根据历史数据按项目类型与应用新颖程度的不同，建立"每条指令成本"与"相对困难度"之间的关系，并划分成 6 类：OE、OM、OH、NE、NM、NH。其中 O 代表 Old 即老项目；N 代表 New 即新项目；E、M、H 分别代表 Easy、Middle、Hard，从而形成表 7.3 所示的 Wolverton 指令与困难度对应表。

表 7.3 Wolverton 指令与困难度对应表

困难度 C_{ij} 类型	1 OE	2 OM	3 OH	4 NE	5 NM	6 NH
1. 过程控制	21	27	30	33	40	49
2. 输入/输出	17	24	27	28	35	43
3. 前后处理	16	23	26	28	34	42
4. 算法	15	20	22	25	30	35
5. 数据处理	24	31	35	37	46	57
6. 实时处理	75	75	75	75	75	75

通过分析软件中的代码以及表 7.3，Wolverton 模型可以估计出软件各个模块的规模。系统成本是由软件规模、类型和难度等级综合决定的。

（3）复合模型

复合模型指成本测算模型为多种不同模型的组合。复合模型应该是应用最广泛，也最为准确的模型。在复合模型中，最著名的模型是 Putnam 模型和 COCOMO 模型。

Putnam 是一个软件开发专家，他在从事软件开发管理 27 年的生涯中，收集分析了 6 600 个已经完成的软件项目数据。他认为一个软件成本和人力投入预计模型必须要能够反映时间（即进度计划）和人力两个因素的影响。于是 Putnam 推出了一个相关模型，即

$$L = C_k \times K^{1/3} \times td^{4/3} \Rightarrow K = L^3 / (C_k^3 \times td^4) \tag{7.2}$$

式中，L 代表软件源代码行数；K 为整个开发过程所花费的工作量；td 为开发持续时间（以年记）；C_k 为技术常数，反映"妨碍开发进展的限制"，取值因开发环境而异，通常开发环境分为差、好、优，C_k 的取值如表 7.4 所示。

表 7.4 C_k 取值

C_k 的典型值	开发环境	开发环境举例
2 000	差	没有系统的开发方法，缺乏文档和复审
8 000	好	有合适的系统的开发方法，有充分的文档和复审
11 000	优	有自动的开发工具和技术

综上，通过 Putnam 模型计算出整个项目开发工作量，从而得到信息系统软件的相关成本。此外，由式（7.2）可知，软件开发工作量与开发时间的 4 次方成反比。如果尝试

将项目时间缩短 $\frac{1}{10}$，那么工作量增加大约 52%。因此，在软件开发过程中，人员与时间的折中，是一个非常重要的问题。在后续的人力资源管理中还会继续谈到。

COCOMO 模型，也称结构化成本测算模型，是应用最广泛的一个复合模型。COCOMO 模型是一个分层次的、结构化的成本测算模型，分为基本模型、中级模型、详细模型，能够适应不同的开发环境和开发要求。

1）基本模型。COCOMO 模型的基本模型是一个静态变量模型，利用最终交付的源代码行数（LOC）作为自变量的函数来计算软件的开发工作量和开发工期，是适合中、小型软件产品的一种快速成本估算方法。基本模型实际上非常简单，包括以下两个公式

$$\mathrm{MM} = C_1 \times \mathrm{KDSI}^{K_1} \tag{7.3}$$

$$\mathrm{TDEV} = C_2 \times \mathrm{MM}^{K_2} \tag{7.4}$$

式中，MM 代表开发软件需要的人月数；KDSI 代表所交付的千行源代码数；TDEV 代表软件开发所需的时间；C_1、C_2、K_1、K_2 都是参数，如表 7.5 所示，这些参数由不同的开发方式来决定。开发方式可以分为 3 种：组织型，半分离型以及嵌入型。

表 7.5　COCOMO 模型参数表

开发方式	C_1	K_1	C_2	K_2
组织型	2.4	1.05	2.5	0.38
半分离型	3.0	1.12	2.5	0.35
嵌入型	3.6	1.20	2.5	0.32

因此，使用结构化成本测算模型的基本步骤包括以下 3 步：①确定系统开发方式，确定参数；②确定模型自变量，即确定 KDSI 千行代码数；③利用公式计算总工作量及总工作进度。

示例 7.1

某大学计算中心受校方委托开发规模为 5 000DSI（行源代码）的工资管理软件，计算采用组织型方式进行开发，软件开发人员平均工资为 3 000 元。计算开发该工资管理软件的编程费用和编程工期。

第一步，确定开发方式，即组织型，由此可以确定 4 个参数 $C_1 = 2.4$，$K_1 = 1.05$，$C_2 = 2.5$，$K_2 = 0.38$。

第二步，确定模型自变量源代码常数，LOC = 5KDSI。

第三步，利用 COCOMO 模型测算公式进行测算，得到：

$\mathrm{MM} = C_1 \times \mathrm{KDSI}^{K_1} = 2.4 \times 5^{1.05} \approx 13\ \mathrm{MM}$

$\mathrm{TDEV} = C_2 \times \mathrm{MM}^{K_2} = 2.5 \times 13^{0.38} \approx 6.6\ \mathrm{M}$

需要注意的是，结构化成本测算模型计算出来的 MM 和 TDEV 分别代表的是总工作量和总开发进度。问题中需要求的是开发该工资管理软件的编程费用和编程工期。而开发一个信息系统不仅包括软件的编程，还包括很多其他的工作，如硬件采购、开发前的调研等，所以总工作量和总开发进度中的一部分是编程的工作量和编程的工期。如何来计算开发该工资管理软件的编程费用和编程工期呢？

这里需要用到另外一张表格,即所谓的编程工作量比例和编程进度比例的表格(见表7.6)。

表7.6 编程工作量及进度比例表

项目规模/KDSI	工作量		开发进度	
	MM	编程比例	M	编程比例
2	5	68%	4	63%
8	21.3	65%	8	59%
32	91	62%	14	55%
128	392	59%	21	51%

表格的最左列是项目规模,以 KDSI 为单位。其中数字代表这个项目所包含的代码行数。表格每一行记录的是相应的项目规模,其所产生的总工作量以及相应编程工作量比例,所需的开发进度以及相应编程的开发进度比例。

考虑当前问题,工资管理软件规模为 5 KDSI,介于 2 KDSI 和 8 KDSI 之间,利用上表,假设编程工作量比例(编程开发进度比例)与项目规模满足线性比例关系。因此可以计算,当工资管理软件规模为 5 KDSI 的时候,编程工作量比例以及编程的开发进度比例。

通过解析数学中的两点法,计算出当工资管理软件规模为 5 KDSI 时的编程工作量比例和编程开发进度比例分别为 66.5% 和 61%。因此,利用前面计算出的总工作量和总开发进度,可以计算得到,编程工作量 = 13 × 66.5% = 8.645 MM,编程进度 = 6.6 × 66% = 4 M,编程费用 = 8.645 MM × 3 000 元/M = 25 935 元。

COCOMO 模型除了可以计算总工作量、编程工作量、总工期和编程工期之外,还可以计算所谓的维护工作量。维护工作量=ACT×MM,其中 MM 为总工作量,ACT 是人为给出的维护工作量比例。

2)中级模型。除了基本模型以外,COCOMO 模型中还有中级模型。中级模型综合考虑了系统开发中的硬件条件、人员素质、经验、开发工具等条件。中级模型也包括两个解析计算公式:

$$MM = C_1 \times \rho \times KDSI^{K_1} \qquad (7.5)$$

$$TDEV = C_2 \times MM^{K_2} \qquad (7.6)$$

式中,MM 与 TDEV 称为名义总工作量和名义总工作进度;C_1 的取值与基本模型不同,在组织型、半分离型以及嵌入型开发方式中,C_1 的取值分别为 3.2、3.0 以及 2.8;ρ 代表工作量调节因子,是根据可能影响工作量的 15 个因素产生的,如表7.7 所示。因此,利用中级模型时需要对照表7.7 来确定工作量调节因子,才能最终计算出最终的实际总工作量和实际总工作进度。

表7.7 影响工作量的因素

属性	影响因素	影响程度	ρ
软件产品属性	软件可靠性	高	1.15
	软件复杂性	正常	1.00
	数据库规模	低	0.94

续表

属性	影响因素	影响程度	ρ
计算机属性	程序执行时间	正常	1.00
	占用内存的大小	正常	1.00
	虚拟机异变性	低	0.87
	环境周转时间	正常	1.00
人员属性	分析员的能力	正常	1.00
	程序员的能力	高	0.91
	应用领域的实际经验	正常	1.00
	虚拟机使用的经验	高	0.90
	程序设计语言的经验	正常	1.00
项目属性	现代程序设计技术	正常	1.00
	软件工具的使用	高	0.91
	软件开发的进度限制	低	1.08

3）详细模型。详细模型是对中级模型的又一次细化。详细模型针对每一个影响因素，按模块层、子系统层、系统层，有3张工作量因素分级表，供不同层次的估算使用，而每一张表中又按开发的各个不同阶段给出。详细模型过于烦琐，适用于大型复杂项目的估算，这里不再介绍。

COCOMO Ⅱ是顺应现代软件开发的变化而对COCOMO的改进，把最新软件开发方法考虑在内，现在还在持续的开发中。COCOMO Ⅱ实际上是由3个不同的计算模型组成的，即应用组合模型、早期开发模型和结构化后期模型。应用组合模型适用于使用现代GUI（图形用户界面）工具开发的项目。早期开发模型适用于在软件架构确定之前对软件进行粗略的成本和进度估算，包含一系列新的成本和进度估算方法。结构化后期模型是COCOMO Ⅱ中最详细的模型，它使用在整体软件架构已确定之后，包含最新的成本估算、代码行计算方法。

除了上面介绍的成本测算模型以外，还有一些公司开发了商用的成本测算模型，具体如下：①Gordon集团的BYL（Before You Leep）；②Wang研究所的WICOMO（Wangle Institute Cost Model）；③DEC公司的DECplan；④ESTIMACS以及SPQR/20。

7.4 信息系统经济效益评价

接下来，介绍信息系统的经济资源管理的另一部分：信息系统经济效益评价。

首先，信息系统经济效益有广义和狭义的区别。广义的信息系统经济效益是指产出量和投入量的一种比较关系。狭义的信息系统经济效益，是指信息系统运行中得到的实际经济效益。经济效益实际上有很多种理解方式，这里不再过多介绍。归纳起来，信息系统的经济效益是间接的、微观的、中期的经济效益。因为信息系统是被某一个具体的组织或企业所利用,一般不会直接作用于生产过程。因此,它所产生的效益不是直接效益。其次,它仅仅帮助某一个企业产生效益,所以是微观效益。同时,信息系统是用来改善管理、改进工作方法的,因此它的经济效益是中期的经济效益,需要一个较长的时间才能体现。

信息系统经济效益评价方法同样有很多种,包括专家评价法、数学评价法、组合评价法、经济模型法等,这里主要介绍经济模型法。经济模型法中最直接有效的方法就是费用/效益分析法。

费用/效益分析法是指通过权衡效益与费用来评价项目可行性的一种分析方法。费用/效益分析法进行经济效益分析的原则:效益相同,费用少者为佳;费用相同,效益高者为佳;费用效益变化,比率高者为佳。实际上利用费用/效益分析法来评价一个信息系统的经济效益主要利用以下 6 个指标。

1. 净利润(Net Profit,NP)

净利润是一个非常简单的评价指标,但也是评价一个项目好坏的主要指标。净现值的公式为

$$NP = 总收益 - 总成本 \tag{7.7}$$

净利润只考虑了总收益和总成本之间的关系,没有考虑项目中包含的风险和现金流时限。

2. 投资回报率(Return On Investment,ROI)

投资回报率指从一项投资性商业活动的投资中得到的经济回报,是衡量一个企业盈利状况所使用的比率,公式为

$$ROI = (平均年利润 / 总投资) \times 100\% \tag{7.8}$$

可见,要计算投资回报率,可以先计算平均年利润。平均年利润为总利润除以投资年份。

3. 净现值(Net Present Value,NPV)

净现值指未来资金(现金)流入(收入)现值与未来资金(现金)流出(支出)现值的差额,定义为

$$NPV = \sum_{h=1}^{n} \frac{b_h}{(1+i)^h} - \sum_{j=0}^{n-1} \frac{c_j}{(1+i)^j} \tag{7.9}$$

式中,n 代表信息系统生命周期(从投资建设到淘汰的总年份);b_h 代表第 h 年的效益;c_j 代表第 j 年的费用($h = 1, 2, \cdots, n$,$j = 0, 1, \cdots, n-1$);i 代表贴现率。应该注意的是,使用净现值作为经济效益的判断标准,关键是要选择一个适当的贴现率。在一般情况下,NPV 值越大越好,NPV>0 表示信息系统方案可接受,否则应予以拒绝。可以观察到,在净现值的计算中实际上是考虑了社会平均利润率的。通过以下的举例来说明 NPV 的计算。

示例7.2

某电子政务信息系统每年的投入和收益如表7.8所示,请用NPV分析项目是否可行?

表7.8 某电子政务信息系统每年的投入和收益

年	0	1	2	3	4	5
投入费用/万元	2	2	2	2	2	0
获得收益/万元	0	2.5	2.5	2.5	2.5	2.5

现在假设贴现率为8%,则

$$投入 = \frac{2}{(1+8\%)^0} + \frac{2}{(1+8\%)^1} + \frac{2}{(1+8\%)^2} + \cdots + \frac{2}{(1+8\%)^4} = 8.6243(万元)$$

$$收益 = \frac{2.5}{(1+8\%)^1} + \frac{2.5}{(1+8\%)^2} + \frac{2.5}{(1+8\%)^3} + \cdots + \frac{2.5}{(1+8\%)^5} = 9.9818(万元)$$

因此,

NPV = 9.9818 - 8.6243 = 1.3575(万元) > 0,所以该项目可行。

4. 内部收益率(Internal Rate Of Return, IRR)

内部收益率是用来反映项目获利能力的动态评价指标。实际在应用该评价指标时应使净现值为0,求出i,此时i即为内部收益率。当内部收益率大于社会平均利率(贴现率)时,方案可行。可以认为,用一笔钱作为投资开发了一个信息系统,如果它产生的经济效益能够打败社会平均利润,那么就应该投资。

5. 回收期(Payback Period, PP)

回收期指项目达到收支平衡或者偿还初始投入后所花费的时间,公式为:

$$PP = \frac{-\log(1 - ik_0/A)}{\log(1+i)} \tag{7.10}$$

式中,i为贴现率;A为收益年平均值;k_0为初始投入。

实际上,式(7.10)仍然是通过NPV推导得到的。令式(7.9)等号右边为0,将投资期限n视为变量,计算得到n,即为所需要的回收期。

6. 净现值率(Net Present Value Rate, NPVR)

净现值率是信息系统净现值与总投资现值的比值,能同时反映项目投入与产出情况的一个相对数,公式为

$$NPVR = NPV/总投资现值 \tag{7.11}$$

纵观这6个指标可以看到,NPV是最为重要的指标,其他指标都是通过NPV推导得到。通过以上指标,可以从多个角度来衡量信息系统的经济效益。

本章小结

本章主要谈论信息系统经济资源管理。信息系统经济资源管理包括两个部分,一部分是成本估算,另一部分是经济效益的评价。成本的估算有很多种方法,包括了专家判别

法、任务分解法、算法模型法以及其他方法，其中最重要的是算法模型法。在算法模型法中，包括了解析模型、列表模型、复合模型。复合模型是最客观的成本估算方法。在经济效益评价方法中，主要介绍了费用/效益分析法。费用/效益分析法包括了6个评价指标，而在这6个指标当中，净现值是最为重要的评价指标。

某大型国有企业想要开发一个综合性管理信息系统。请回答以下3个问题：

1) 讨论信息系统成本中开发成本和维护成本之间的关系，绘出示意图；

2) 简述信息系统成本估算的方法。

3) 初步估算。该项目准备以半分离方式进行开发，开发规模为70 KDSI，试利用CO-COMO模型来估算该项目的编程工作量和编程进度。另假设编程人员费用为5 500元/M，则其编程费用为多少？

第 8 章 信息系统计划管理

信息系统计划管理涉及信息系统的开发、运行和维护等过程,各种信息资源包括资金、人力,特别是时间资源的分配、组织和管理。综合组织这些资源,需要一整套完整的方法与手段。项目管理是比较成熟有效的综合资源管理方法,因此本章谈论如何在项目管理的观点下,进行信息系统开发的计划管理,同时介绍项目开发中涉及的其他方法。

8.1 信息系统开发项目管理

8.1.1 基本概念

信息系统开发项目管理,是以项目管理的方式来进行信息系统开发中的资源管理。为了理解这个概念,首先要理解什么是项目以及什么是项目管理。

所谓的项目,是一种组织单位,指的是具有明确的一次性的任务,并且具有明显的生命周期的一个组织单位。注意,所谓的组织单位,其含义是非常丰富的,包括项目真实所需要使用到的各种资源,同时也包括参与项目的各种人员。

项目管理指的是在一定的约束条件下,为了高效率地实现项目的目标,按照项目的内在规律和程序对项目的全过程进行有效的计划、组织、领导和控制的系统管理活动。其中"一定的约束条件"指的是项目管理需要考虑时间、资金、人力这些约束条件。"高效率"是指希望使用尽可能少的时间和尽可能少的人力,同时花费尽可能少的资金完成这个项目。"内在规律和程序"指的是项目的各个子任务之间是存在一定的逻辑先后关系的,在进行项目管理过程当中,必须尊重这些逻辑关系。"全过程"指的是项目是有明显的生命周期的,因此需要有效地组织资源,按照规律进行项目管理。

8.1.2 项目管理的必要性

了解了以上的基本概念后,可以回答:为什么信息系统的开发需要使用项目管理手段?原因在于信息系统开发的特性与项目管理的特性非常吻合。

在前面的章节中谈到,开发一个信息系统,必须要完成企业的某个特定目标。因此,一个信息系统要想开发成功,必定是具有明确的一次性任务的。信息系统开发包括信息系统规划、分析、设计、实施、运行与维护这几个阶段,具有明显的生命周期。这两个特点与项目的定义,即具有明确的一次性任务并且具有明显的生命周期,非常吻合,如图 8.1 所示。因此,用项目管理的方式来进行信息系统的开发管理是非常合适的。

图 8.1 信息系统开发与项目管理的相似性

此外,项目管理具有漫长的发展历史。在历史发展过程中,人们提炼出项目管理中需要使用到的一些具有共性的工具,这些工具已经形成有效的项目管理软件,如 Microsoft Project、Microsoft Visio、Primavera Project Planner(P3)等。这些成熟的项目管理软件也可以有效地帮助信息系统进行资源管理。

8.1.3 项目管理软件

Project 和 Visio 是微软公司开发办公软件套装中的一部分。Project 主要用于项目的进度管理,可以用来协助项目经理制订开发计划、为任务分配资源,同时跟踪进度、管理预算和分析工作量。Visio 主要负责流程管理,可以帮助项目管理人员分析整个项目的相关流程,并且将流程可视化,同时方便管理人员进行分析和交流。P3 软件用于项目进度计划、动态控制、资源管理和成本控制的项目管理软件,相比于前两个软件而言,是更加专业的项目管理软件,也是项目管理专家们最为推崇的。

下面简要介绍每个软件以及具体应用。

1. Project

打开 Project,可以看到如图 8.2 所示的初始界面。其被分成了左、右两个部分。界面左侧部分列出了整个项目中的各个子任务以及子任务的开始时间、完成时间、前后逻辑关系、所需资源等。列出这些信息以后,在界面的右侧就会自动出现很多由横条组成的横条图,也称为甘特图、横道图、条状图。

图 8.2 Project 界面

甘特图通过其条状图形来显示项目进度和与时间相关的子任务的内在关系,即能显示子前驱任务和子后继任务的关系。如果 A 任务在 B 任务之前必须完成,那么 A 任务就称为 B 任务的前驱任务,而 B 任务称为 A 任务的后继任务。能够提供和 Project 相似作用的一些软件包括 GanttProject、VARCHART XGantt、JQuery.Gantt、Excel 等。

2. Visio

Visio 主要用来绘制流程图。流程图是一种表示各个任务之间逻辑关系的图形，它最主要的作用是帮助管理人员明确项目管理的思路。流程图有很多种，包括文件流程图、数据流程图、系统流程图和程序流程图等。除了 Visio 可以绘制流程图外，还有一些软件，如亿图（Edraw）、ProcessOn、飞书等都可以用来绘制流程图。Visio 绘制的流程图如图 8.3 所示。

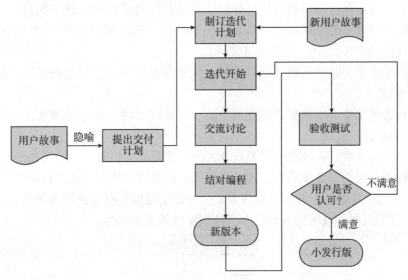

图 8.3　Visio 绘制的流程图

3. P3

P3 是 Oracle 公司提供的项目管理软件，能提供 12 个功能，这些功能基本能满足任意复杂的项目管理需求，具体如下。

1）Endpoint Manager（端点管理程序）：编辑 P3 图形中端点的形式。

2）Intorpoint Relationship（工程间关系管理程序）：连接工程/工程组之间的关系。

3）Primavera Metafale Viewer（元图文件浏览器）：将元图文件嵌入 P3 视图。

4）MPX Conversion（MPX 转换工具）：转换 Microsoft Project 到 P3。

5）Netsot（用户管理程序）：确定/修改用户权限。

6）Converter 6-5（版本转换工具）：转换 P3 新、旧版本。

7）Batch（批处理工具）：批量处理输入 P3 的文件。

8）Primavera Draw（绘图工具）：使用 P3 制作报表、视图。

9）Primaveralook（阅图工具）：浏览 P3 的视图或报表。

10）Runtime Viewer（固定报表形式编辑器）：编辑 P3 的报表。

11）WebWurard（World Wide Web 速成器）：网上浏览 P3 的工程报告。

12）Primavera Postoffice（电子邮件收发站）：利用局域网发送 P3 文件。

可以发现，一个项目管理软件应该具备的成本预算、成本控制、计划制订和资源管理等功能，P3 软件都具备，所以说 P3 软件是最专业的项目管理软件。

8.2 信息系统项目的任务分解及计划安排

一般情况下,一个项目管理工作应该包括以下5个部分:任务划分、计划安排、经费管理、审计控制和风险管理,具体内容如下。

1)任务划分是指将项目的总体任务划分成具有层次结构的子任务集合,并形成工作分解结构图,即 WBS 图(Work Breakdown Structure)。WBS 图是一种采用层次化的方式来展示任务分解结构的树形图,如图8.4所示。

2)计划安排是要制订出整个项目的开发计划和管理计划,即明确各项子任务的起止时间以及逻辑关系。

3)经费管理是整个项目管理过程当中的一个关键因素,通过经费手段对整个项目开发进行控制和监督。

4)审计控制主要是来确定项目系统开发的工作制度,控制项目的进展情况。

5)风险管理是用来防止项目出现一些不可控的风险,从而避免项目失败。

在项目管理工作的5个部分中,任务划分和计划安排具有最强的客观性。下文主要介绍这两个部分的工作,包括任务划分以及计划安排的主要方法。

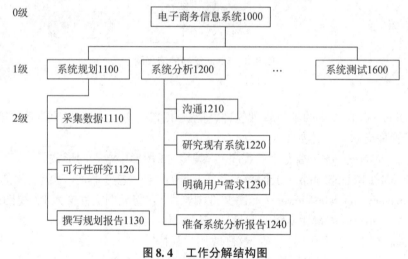

图8.4 工作分解结构图

8.2.1 信息系统项目管理的任务划分

1. 任务划分的内容

任务划分的目的是形成工作分解结构。工作分解结构是将整个开发工作定义成一组任务的集合。这个集合当中的每一个任务又进一步划分成若干个子任务,进而形成一个具有层次结构的任务群。

WBS 图是将项目分解形成的具有层次结构的任务群,可视化地展示任务的结构示意图,是工作分解结构的一个结果。

从图8.4能够看出,当前项目总任务是构造一个电子商务信息系统,而要构造这个电子商务信息系统，可以把总任务分成6个子任务，从系统规划到系统测试。而系统规划任务又可以细分成3个子任务，分别是采集数据、可行性研究和撰写规划报告。在系统分析中，需要完成的工作是和客户沟通，研究现有系统，明确用户需求以及准备系统分析报告。

此外，从图8.4中还可以看到，每一个任务后面都有一个编号，这个编号称为WBS图编码。每一个编码都是一个四位数，称为WBS图的四位编码法。除了四位编码法，还有六位编码法。四位编码法当中的四位数字，第一位表示的是处于最高级（也称定0级）的任务。开发电子商务信息系统这个任务的WBS图编码是1000，第一位是1，其他位都是0，代表整个项目的总任务是构建一个电子商务信息系统。第二位数字表示隶属于0级任务的子任务编号。从编号可以看出，开发电子商务信息系统有6个子任务，从系统规划到系统测试，分别是1100到1600。其中第一位数字1代表这些任务都隶属于开发电子商务信息系统这个总任务，第二位数字表示各个子任务之间的先后关系。所以，WBS图编码不仅仅可以表示出任务之间的隶属关系，还可以表示出任务之间的先后关系。同样，系统规划的3个子任务按照规则其相应的WBS图编码分别为1110、1120、1130。

任务划分的结果以WBS图展示出来，但是并不是说任务划分的所有工作仅仅就是构造WBS图。实际上，在任务划分过程当中，还需要完成4个任务，分别是任务设置、资金划分、任务计划时间表的制订和协同过程及保证任务完成条件的确定。

任务设置用来说明每个任务的具体内容，并需要将任务内容与完成任务的责任人构建关联，明确责权关系。资金划分是确定每个任务所需要的经费，用来保障子任务的顺利进行。任务计划时间表的制订主要是估算每个任务完成所需要的时间。而协同过程及保证任务完成条件的确定是明确每个任务完成的其他必要条件，包括各类型资源的约束和其他限制。只有完成了以上这些工作才能表明任务划分这项工作的完成。所以说完成任务划分工作，包含了一系列的流程。从最开始的定义产品，也就是定义项目的各个子任务，到确定各个子任务的内容，即为子任务分配时间、人员、资金，再到确定各个子任务的管理支持性任务以及确定各个子任务的逻辑关系，最终进行计划汇总这样一个完整的流程。

2. 任务划分的方法

从图8.4所示的WBS图可以看出，一个电子商务信息系统的构造需要系统规划到系统测试等6个子任务。很明显，这样一种任务划分的方式是按照信息系统开发的生命周期进行划分的。而在系统规划当中，需要完成采集数据，可行性研究和撰写规划报告这样一些工作，很明显这些任务是按照任务所需要完成的具体内容来进行划分的。所以通常情况下，任务划分包括两种方法：一是按照系统开发任务的功能和内容进行划分；二是按照系统开发任务的生命周期进行划分，一般情况下把这两种方法结合起来使用。

除此以外，任务划分当中还应该注意一些其他的问题，具体如下。

1. 划分的子任务数不宜过多

如果任务数过多，则会引起项目管理的复杂性，在系统集成的时候，也会增加难度。

2. 划分的子任务数不宜过少

如果任务数过少，则子任务会太大。太大的子任务会对项目组成员要求过高，从而导致不能及时完成项目。

一般情况下，每个任务隶属的任务数不超过 7 个，任务数在 2~7 个之间比较适宜。如果超过了这个标准就尝试增加一个二级任务。在任务划分完毕以后，需要制订出整个项目的开发计划和项目管理计划，并绘制任务时间计划表，表示任务的开始时间、约束时间以及任务之间的项目依赖程度。

8.2.2 信息系统项目管理的计划安排

信息系统项目管理的计划安排方法，主要包括关键日期法、甘特图法、关键路径法和计划评审技术 4 种。

1. 关键日期法

关键日期法是一种非常简单的进度计划，只列出一些关键活动和这些关键活动所进行的日期。从图 8.5 中可以看到，这个任务被划分成了两个阶段：1 月 1 日—1 月 28 日以及 1 月 29 日—2 月 28 日。在每一个时间段当中，都描述了在这个时间段内需要完成的相应工作。通过这样一种形式组织起来的计划安排方法，称为备忘录格式的关键日期法。一个更简单的称呼是项目行动计划表。

例：为了使本电子商务信息系统建设项目能够如期完成，我们必须按
　　照时间安排采取行动：
　　　　　　1月1日—1月28日
　　建议由项目经理张成负责组织完成系统规划任务，由项目工程师
　　王杰执行
　　　　　　　　⋮
　　　　　　1月29日—2月28日
　　建议由项目工程师王杰负责组织完成可行性研究任务

图 8.5　备忘录式项目行动计划表

实际上，项目行动计划表除了上述这种备忘录格式外，还有表格式，如表 8.1 所示。

表 8.1　表格式项目行动计划表

活动	代号	小活动	完成时间	负责人	紧前活动
系统规划	A	1. 采集数据	1.1—1.14	张成	—
	B	2. 可行性研究	1.1—1.21	王杰	—
	C	3. 准备系统规划报告	1.22—1.28	周义	A，B
系统分析	D	4. 研究现有系统	1.29—3.4	王杰	C
	E	5. 与业务人员沟通	1.29—2.18	张成	C
	F	6. 明确用户需求	2.19—3.11	周义	E

在这张表格当中，最左侧这一列，即为各个子任务（也称活动），是在任务划分过程中，分解形成的各个子任务。在第三列可以看到，每一个活动又被划分成了若干个小活动，同样这些小活动也是在任务划分中得到的。第二列列出的是每一个小活动的编号。第四列是这些小活动所相应需要完成的时间。此外，第五列是这个活动的每个小活动相应的负责人。第六列表示的是在各个小活动的逻辑关系，列名为"紧前活动"，代表表中所列出的活动是当前行所示活动的紧前活动，即只有"紧前活动"列中的活动完成，才能开始相应的新活动。

2. 甘特图法

计划安排的第二种方法是利用甘特图，如图8.6所示。和前文所说类似，甘特图中每一个活动的持续时间是由横条长度来决定的。从图8.6中可以看到，横条有两种颜色：黄色（图中较浅颜色）和绿色（图中较深颜色）。黄色代表的是完成该活动实际所用的时间，绿色代表的是这个活动预计使用的时间。可以看到，同一个活动的黄色线条长度和绿色线条长度可能不一样。通过甘特图能够清楚地观察到这些活动相应完成的时间、持续的时间以及整个项目应该需要的时间。因此，甘特图是一种运用非常广泛的计划安排方法。

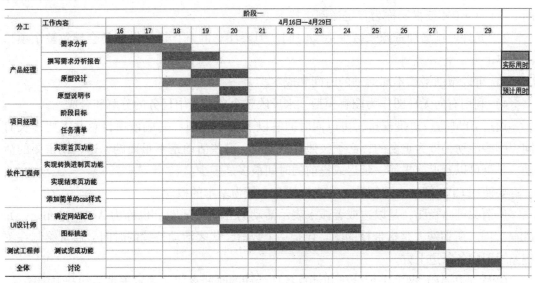

图8.6 甘特图

甘特图的优、缺点都非常明显。其优点在于用图形化的方式来表示进度计划，非常直观，并且甘特图的制作技术也非常易于实现，制作甘特图有专业的软件支持，因此，不用担心过度复杂的计算和分析。

同样，甘特图的缺点在于它只部分地反映了项目管理的时间范围和时间约束，没有表示出影响项目进度的一些关键任务。一般情况下，甘特图在制订进度计划的时候，要求项目的子活动个数不能超过30个。

甘特图的绘制一般包括以下6个步骤。

1）明确项目包括的各个活动：应该包括活动的名称、顺序、开始的时间、工期、任务类型和依赖于哪个任务，这些都应该在任务分解过程当中完成。

2）创建甘特图的草图：将所有的活动按照开始的时间、工期，标注到甘特图上。

3）确定活动依赖关系及时序进度：使用草图按照活动的类型将活动联系起来，并安排项目进度。

4）计算单个活动任务的工时。

5）确定活动任务的执行人员及适时调整需要。

6）计算整个项目的时间。

3. 关键路径法

（1）基本概念

关键路径法（Critical Path Method，CPM）是最为重要的信息系统计划安排方法。关键路径法的目的是在资源有限的条件下，以最短的时间和最低的消耗完成整个项目。它是指利用网络图来表示项目中各个活动的进度和它们之间的相互关系。在此基础上，利用网络计划技术来计算和调整各项参数。

CPM 的特点主要包括以下 4 个。

1）适用于一些活动时间已知的项目。CPM 假设每一个活动都有一个肯定的完成时间。所以，CPM 技术又称为肯定型网络技术。

2）允许通过增加资源来减少活动时间。但要注意的是，这样做通常会导致整个项目的成本上升。

3）可以帮助平衡不同活动的时间和成本。

4）利用有向无环图作为图解模型，来反映整个项目当中任务的分解和合成。

通过 CPM 进行进度安排，可以同时回答以下 3 个问题：完成该项目总共需要多长时间；哪些活动是极为重要的，必须按照计划完成；哪些活动是不重要的，这些不重要的活动，是否可以延迟或提前，延迟或提前的时间最多是多少。

要使用 CPM 解决上述问题，先来介绍几个最为基本的概念。

所谓关键路径图，是以边或者弧来表示活动的有向无环图，也称为 AOE（Activity On Edge）网。所谓网，是指带权的图。权是一个数值，代表活动持续的时间，通常绘制在关键路径图的各条边上方。

CPM 是在 AOE 网上进行分析和计算各项活动的时间参数。确定关键活动和关键路径，用时差法不断地调整和优化网络以求得最短的周期。

关键路径图上主要的组成要素包括活动、节点、路径。

1）活动在工程中也称为作业，指的是整个项目中可以划分开发的相对独立的部分工作。在关键路径图上，特别是在描述工程的关键路径图上，活动又可以分成两种，一种是实活动，另一种是虚活动。实活动指对应于工程中的各项作业，也是整个项目当中确实存在的一部分相对独立的工作。虚活动是在整个项目过程当中不是真实存在的，仅仅用来表示某一个活动与另一个活动相互的依存关系，用来表示逻辑性的联系。在关键路径图上，实活动用实线来表示，虚活动用虚线表示。图 8.7 中，2 号节点到 4 号节点这个活动以及 3 号节点到 4 号节点这个活动，以虚线来表示。这种不真实存在的活动，是不占用任何时间和资源的。此外，还有紧前活动、紧后活动、平等活动和交叉活动各种类型活动。紧前活动、紧后活动这两个活动前文已经有介绍。平等活动是指同时开始的活动，交叉活动指在一个活动进行的过程中，另外一个活动也会交叉进行。

2）在 AOE 网当中，节点指的是某项活动开始或者完成的瞬时状态。这种瞬时状态是不占用任何资源和时间的。

3）在关键路径图上，路径是指开始节点到结束节点的通路。在图 8.7 上，开始节点是 1 号节点，终点应该是 7 号节点。从项目开始到项目完成最长的通路称为关键路径（注意，关键路径并非唯一)。路径的长度指路径上权重之和。很容易分析，图8.7的关键路径为1-4-5-7，长度为11。关键路径上的活动称为关键活动。关键路径的长度等于整个项目的总工期。除此以外，要注意关键路径和非关键路径是可以相互转换的。

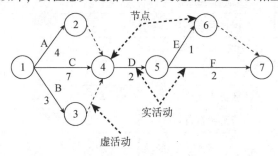

图8.7 关键路径示意

(2) 绘制方法

了解了关键路径图上的一些基本概念后，可以来分析关键路径图。而要分析关键路径图，首先要构造关键路径图。在信息系统项目管理过程中，当任务分解完毕，形成工作分解结构以后，就可以绘制关键路径图。

绘制关键路径图，有以下一些基本要点。

1) 关键路径图不能有循环路径，如果出现循环路径，则代表项目是无法完成的。

2) 网络图当中不能有缺口。有缺口代表项目可能存在两个结束时间，或者两个开始时间，在现实工程中是不现实的。因此，一个关键路径图上只能有一个开始节点和一个结束节点。

3) 相同的两个节点之间只允许有一条弧，这是一个非常重要的绘制规则，能够使关键路径图更加清晰和简洁。

4) 一条弧的首尾必须有两个节点，分别代表相应的事件发生或者结束。

遵从以上这些要求，能够绘制出合理、清晰的关键路径图。因此按照这些要求，可以将绘制关键路径图的步骤总结如下。

1) 绘制开始节点。在工作分解结构图或项目行动计划表中找到没有紧前活动的活动，每个活动使用一条弧标记，并在弧头绘制节点。

2) 找到已绘制的活动作为紧前活动的所有活动，以上一条弧的弧头节点作为开始节点，使用相应的弧标记，并在每条弧的弧头绘制节点。

3) 查看是否有未绘制的活动，如有则按照2) 中方法继续，否则检查关键路径图以及任务逻辑关系，如果存在缺口，则利用虚线弧完成逻辑连接。

下面通过一个例子来说明如何根据一个项目活动列表来绘制关键路径图。

示例8.1

西山购物中心扩建项目通过任务分解，形成项目活动列表，如表8.2所示，表中第三列是每一个活动的紧前活动，第四列是完成每一个活动所需要的时间。可以发现，这张表格与关键日期法中的表格式项目行动计划表很类似。

表 8.2　西山购物中心扩建项目活动列表

活动代号	活动描述	紧前活动	活动时间
A	画出建筑图	—	5
B	识别潜在客户	—	6
C	为客户写计划书	A	4
D	选承包商	A	3
E	准备建筑许可	A	1
F	获得建筑许可	E	4
G	施工	D、F	14
H	招商	B、C	12
I	客户进驻	G、H	2
		总计	51

按照关键路径图的绘制方法，可以得到图 8.8 所示的西山购物中心扩建项目关键路径图，其中节点 3 和 4 之间以及节点 5 和 7 之前存在虚活动。

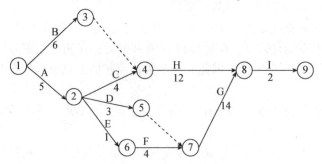

图 8.8　西山购物中心扩建项目的关键路径

(3) 时间分析

关键路径图上最重要的元素是时间。时间也是计划安排最主要关注的内容。关键路径图上的时间分成三大类：活动的时间、节点的时间以及自由富余时间。

1) 活动的时间代表活动持续的时间。通常在关键路径图上以弧或者边的权值表示。

2) 节点的时间代表活动开始或者活动结束的时间点。节点通常代表一个瞬时事件，一般不占用时间资源。节点时间有最早开始时间以及最晚开始时间。节点最早开始时间是从开始节点到该节点的各条路径中最长的一条所表示的时间。节点最晚开始时间是以该事件为结束节点的所有活动最迟必须结束的时间，要保障后续任务能够及时完成。

示例 8.2

"上课"是一个活动，需要持续一定的时间，但是"下课铃响"是一个事件，不占用任何时间资源，但也可以有最早和最晚开始时间。假设早上八点上课，一节课到八点四十五分，八点四十五分就是"下课铃响"事件的最早开始时间。如果课间休息五分钟，假设这五分钟可以用来延迟下课,那么"下课铃响"事件的最晚开始时间就可以延迟到八点五十分,这样才能保障下一节课及时开始。

3) 自由富余时间指的是某项活动最晚开始时间与最早开始时间的差,自由富余时间表明这个活动开工时间允许推迟的最大限度。

接下来用图 8.9 所示的关键路径图来进行分析,这里要求计算 A_1、A_5、A_6、A_7 各个活动的最早和最晚开始时间以及自由富余时间。从图中可以看出,项目的开始节点是 1 号节点,结束节点是 9 号节点。由于每个活动的开始时间和其弧尾节点的开始时间是很有关系的,因此可以先来计算节点的时间,再来计算每个活动的时间。

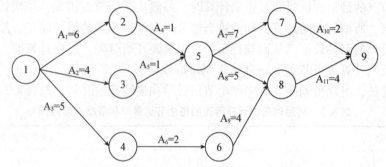

图 8.9 关键路径图分析

假设这个活动是从第 1 天开始的。注意,这是一个相对时间点,不是现实意义的时间。

按照节点最早开始时间的定义:一项活动的最早开始时间应该是这个活动的弧尾节点最早开始时间。所以,活动 A_1 最早开始时间应该是 1 号节点的最早开始时间,因此活动 A_1 最早从第 1 天开始。活动 A_5 的最早开始时间应该是从开始节点到 3 号节点所有路径最长的那一条,此时只有一条路径,即活动 A_2 所代表的弧(权值为 4),因此活动 A_5 的最早开始时间是第 5 天(1 + 4 = 5)。同样,可以计算得到活动 A_6 的最早开始时间是第 6 天。活动 A_7 的弧尾是 5 号节点,即其最早开始时间应该是 5 号节点的最早开始时间。而 5 号节点的最早开始时间应该是从开始节点到 5 号节点所有路径最长的那一条,即 1—2—5 这条,长度是 7(路径 1—3—5,长度为 5)。所以,5 号节点最早开始时间是第 8 天。

反过来计算每个活动的最晚开始时间。要计算最晚开始时间,先要来计算这个项目的工期。项目总工期是由关键路径长度决定的。图 8.9 中,关键路线应该有两条,分别是 1—2—5—7—9 和 1—2—5—8—9,长度都是 16,因此整个工期是 16 天,即项目在第 17 天完成。然后,反推活动 A_7 的最晚开始时间。无论活动 A_7 何时开始,都必须保证活动 A_{10} 能够完成。而活动 A_{10} 能够完成的最晚开始时间为第 15 天(15 = 17 − 2),所以 7 号节点最晚开始时间也是第 15 天。最后,活动 A_7 最晚开始时间应该是 5 号节点的最晚开始时间,因此是第 8 天(15 − 7 = 8)。可以发现,5 号节点的最晚开始时间和最早开始时间是一致的。同样,用相同的方法能够计算活动 A_6、A_5、A_1 相应的最晚开始时间。

通过以上计算,实际上能够得到以下 3 个推论。

1) 在关键路径图上,关键路径上的节点的最早开始时间和最晚开始时间是一致的,而非关键路径上的节点两者是不相同的。

2) 正因为这样,关键活动的最早开始时间和最晚开始时间是相同的,最早完工和最晚完工时间也是相同的。而非关键活动就不满足这个条件。

3）关键活动是没有自由富余时间的，而非关键活动是有自由富余时间的。因此，关键活动必须要按照计划完成，而非关键活动可以有相应的延后。

在刚刚的分析中可以发现，在整个项目各个活动的最早和最晚时间的计算过程中，关键路径非常重要。关键路径的计算，通常是利用时差法去发现关键节点（关键路径上的节点），然后通过关键节点来确定。

时差法是通过正向计算每个节点的最早开始时间以及反向计算每个节点的最晚开始时间来发现关键节点的。

所谓的正向计算，即从开始节点出发，计算开始节点到当前节点的最长路径，从而依次确定每个节点的最早开始时间。正向计算时，一般从开始节点出发，依次计算，直到计算到结束节点。所谓的反向计算，即计算当前节点到结束节点的最长路径，然后用关键路径长度减去得到的路径长度，从而获得每个节点最晚开始时间。反向计算时，从结束节点出发，依次反向计算每个节点，一直计算到开始节点。

通过时差法，可以得到图8.9中每个节点最早和最晚开始时间，如表8.3所示。

表8.3　利用时差法计算得到的每个节点最早和最晚开始时间

节点	最早开始时间	最晚开始时间
1	1	1
2	7	7
3	5	7
4	6	7
5	8	8
6	8	9
7	15	15
8	13	13
9	17	17

可以发现，1、2、5、7、8、9这些节点的最早和最晚开始时间是一致的，因此这些节点都应该在关键路径上。观察关键路径图，发现路径（1—2—5—7—9以及1—2—5—8—9）是两条关键路径，关键活动是 A_1、A_4、A_7、A_8、A_{10}、A_{11}。

回到示例8.1所示的西山购物中心扩建的项目中来。根据图8.8，通过时差法，可以得到每个节点的最早和最晚开始时间，如表8.4所示。

表8.4　西山购物中心扩建项目关键路径图节点时间

节点	最早开始时间	最晚开始时间
1	1	1
2	6	6
3	7	13
4	10	13
5	9	11

续表

节点	最早开始时间	最晚开始时间
6	7	7
7	11	11
8	25	25
9	27	27

可以发现，1、2、6、7、8、9这些节点的最早和最晚开始时间是一致的。因此这些节点构成的路径就是相应的关键路径1—2—6—7—8—9，关键路径的长度是26，关键活动是A、E、F、G、I。由此得出，非关键活动是B、C、D、H。可以通过简单的计算，得到这些活动的自由富余时间。

通过上文讲解，大家可能会觉得，利用关键路径图来进行项目计划安排，并且计算整个项目的工期，以及明确哪个活动是关键活动，哪个活动是非关键活动，是一个非常复杂的工作。但实际上，可以用一些成熟的项目管理软件来完成这些工作。Project就能完成这样的工作。

仍然以示例8.1为例。首先，在Project中输入表8.2中的项目信息，得到甘特图，如图8.10所示。可以看到在这张图左侧部分，第二列有相应的任务名称，第三列是每一个活动所持续的工作时间。每个活动标明了相应的开始时间以及完成时间。最后一列是前置任务，即当前活动的紧前活动。将所有的这些活动都标记完后就会在右侧形成一个相应的甘特图。图中的箭头代表各项活动之间的逻辑关系，从某一项活动指向另一项活动的箭线，代表发出箭线的活动是箭线指向活动的紧前活动。

图8.10　西山购物中心扩建项目的甘特图

然后，在Project中单击"视图"按钮，选择关键路径图，就能够得到如图8.11所示的关键路径图。

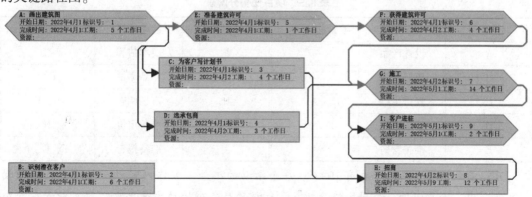

图8.11　西山购物中心扩建项目的关键路径图

观察这个关键路径图能够看到，有尖角框和方框。尖角框代表关键活动，方框代表非关键活动。可以看到，Project 所发现的关键活动和前面通过分析得到的关键活动是一致的。此外，还可以看到图上有连接尖角框和方框的箭线。连接尖角框的箭线将所有的尖角框都连接了起来，因此连接尖角框箭线组成的那一条路径即为关键路径。

4. 计划评审技术

最后一种计划安排方法称为计划评审技术（Program Evaluation And Review Technique，PERT）。

计划评审技术和关键路径法不同，它是一种非肯定型网络计划技术。前文提到，肯定型网络计划技术要求每一项活动有一个确定的工期。而非肯定型网络计划技术是指活动的工期是不确定的。活动工期的不确定指在计划评审技术当中，每一个活动的工期都有 3 个估计值，分别是最乐观估计值、最悲观估计值以及最可能估计值。最乐观估计值 a 代表每个活动能够顺利进行的最少时间。最悲观估计值 b，即活动遭遇重大延误时所需的最多完工时间。最可能估计值 m，指一般状态下活动完工的最可能时间。通过这 3 个值，PERT 可以用来估算每一个活动的期望工期，期望工期 t 公式为

$$t = \frac{1}{6}(a + 4m + b) \tag{8.1}$$

此外，还可以用来估算每个活动工期的方差，即

$$\sigma^2 = \left(\frac{b-a}{6}\right)^2 \tag{8.2}$$

通过以下例子来说明计划评审技术的工作流程。

示例 8.3

多年来道特公司一直从事工业真空吸尘器清洁系统的制造。最近，新产品开发小组提交报告，建议公司开发无绳吸尘器，该产品被命名为 Porta-Vax。公司希望能够以合理的成本生产这种产品，并凭借其可携带和无绳的方便性得到广大消费者的青睐。公司认为开发这个产品会形成以下活动，并说明了活动之间的关系。相关任务分解如表 8.5 所示，请分析该项目的时间安排。

表 8.5 项目任务分解表

活动代号	活动描述	紧前活动	活动代号	活动描述	紧前活动
A	设计产品	—	F	成本估算	C
B	市场计划	—	G	产品测试	D
C	安排生产	A	H	市场调查	B, E
D	建造原型	A	I	准备定价	H
E	准备营销	A	J	准备报告	F, G, I

可以看到，项目活动一共有 10 个。每个活动的编号、工作内容以及相应的紧前活动都列在表中。除此以外，公司经过分析，预估该项目各个活动的最乐观、最可能和最悲观工期分别如表 8.6 所示。

表 8.6 每个活动的最乐观、最可能以及最悲观工期预估

活动代号	最乐观	最可能	最悲观	活动代号	最乐观	最可能	最悲观
A	4	5	12	F	1.5	2	2.5
B	1	1.5	5	G	1.5	3	4.5
C	2	3	4	H	2.5	3.5	7.5
D	3	4	11	I	1.5	2	2.5
E	2	3	4	J	1	2	3

于是，可以计算每个活动的期望工期以及方差，如表 8.7 所示。

表 8.7 每个活动的期望工期以及方差

活动代号	期望工期	方差	活动代号	期望工期	方差
A	6	1.78	F	2	0.03
B	2	0.44	G	3	0.25
C	3	0.11	H	4	0.69
D	5	1.78	I	2	0.03
E	3	0.11	J	2	0.11

然后将相应的数据输入 Project，可以得到 Porta-Vax 项目的甘特图（见图 8.12）及关键路径图（见图 8.13）。

图 8.12 Porta-Vax 项目的甘特图

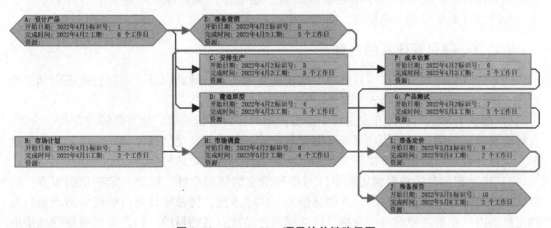

图 8.13 Porta-Vax 项目的关键路径图

很容易发现，A、E、H、I、J 是关键活动，其他是非关键活动。

由于关键活动的工期变化会引起整个项目的工期变化，而每个关键活动的工期又具有 3 个估计值。因此，需要考虑整个项目工期的方差。而项目工期的方差等于关键路径上关键活动工期的方差和。于是，把 A、E、H、I、J 的工期方差加和可以得到总方差，即

$$\sigma^2 = \sigma_A^2 + \sigma_E^2 + \sigma_H^2 + \sigma_I^2 + \sigma_J^2 = 2.72$$

$$\sigma = \sqrt{2.72} = 1.65$$

上式中 σ 是标准差。

假设项目的总工期 T 满足正态分布（因为项目中所有活动的工期都不确定，因此项目总工期为一个变量，可以假设其满足某种分布），则可以计算满足指定项目工期情况下的完工概率。所谓指定项目工期，是指上级部门规定的项目必须完成的工期。

假设上级部门要求 20 天完成这个项目，那么按照给出的各个活动期望工期和工期方差，这个项目能否在 20 天完成？在 20 天完成的相应的概率是多少？

要回答这两个问题，首先需要计算项目期望工期，期望工期是由项目自身特点决定的工期，可以由关键路径长度确定。通过上述分析可知，关键路径长度为 17。用指定工期减去项目的期望工期 17（关键路径的长度），再除以标准差，可以得到 z 分数，即

$$z = \frac{20 - 17}{1.65} = 1.82$$

利用正态分布的 z 分数表，可以查到完工的概率为 0.965 6（96.5%）。因此，在 20 天完成这个项目的可能性是非常高的。

归纳一下计划评审技术的使用流程。

第一步，利用式（8.1）来计算每个活动的期望工期。

第二步，利用式（8.2）来计算每个活动工期的方差，主要是计算关键活动工期的方差。

第三步，利用规律，即总工期的方差等于所有关键路径上关键活动工期的方差之和，计算总工期方差及标准差。

第四步，利用指定工期和期望工期求得 z 分数，通过查表求得完工的概率。

4 种计划安排方法介绍完毕后，可以总结出不同计划安排方法的特点。首先，使用不同的计划安排方法对整个项目了解的要求是不一样的，应该根据具体的要求，来选择不同的计划安排方法。对项目的了解程度越细致、越丰富，就应该采用越复杂的计划安排方法，对项目计划安排就会越精确，同时，所需要花费的代价就会越高。

8.2.3 项目管理其他内容

任务分解和计划安排是项目管理中比较重要的任务。除此以外，项目管理还包括经费管理、审计控制、风险管理 3 个任务。

1）经费管理是对项目开发过程中需要使用的经费进行管理，使其能够在合理、合法、合规的条件下运用，促使信息系统开发顺利完成。经费管理是信息系统建设项目的关键因素。项目经理可以运用经济杠杆来对整个开发工作进行有效的控制。

2）审计控制是指根据预定的审计目标和既定的环境条件，按照一定的依据审查、监督被审计单位的经济运行状态，并调整偏差、排除干扰，使被审计单位的经济活动运行在预定范围内且朝着期望的方向发展，以达到提高经济效益的目的。信息系统项目管理中的审计控制是对项目开发过程当中产生的各项资源，包括经费、数据、人力等进行检查和监督，从而保证新系统的顺利开发。

3）风险管理是识别和分析项目风险及采取应对措施的活动，包括将积极因素所产生的影响最大化和使消极因素产生的影响最小化两方面内容。其内容主要包括：①风险识别，即确认有可能会影响项目进展的风险，并记录每个风险所具有的特点；②风险量化，即评估风险和风险之间的相互作用，以便评定项目可能产出结果的范围；③风险对策研究，即确定对机会进行选择，及对危险做出应对的步骤；④风险对策实施控制，即对项目进程中风险所产生的变化做出反应。这些内容不仅相互作用，且与其他内容互相影响。

8.3 信息系统计划变更管理

尽管通过4种计划安排方法可以对项目的计划进行一个初步的安排，但是在现实的信息系统开发过程中，常常出现计划与现实情况不一致的情况。一旦在现实中由于各种各样原因导致实际开发与计划安排出现不一致，如实际进度早于或晚于计划进度，实际成本低于或高于计划成本，那么这时候需要进行项目计划变更。项目计划变更主要包括2个方面：进度计划的变更和成本计划的变更。

在进行计划变更的时候要掌握3个原则：①要对近期的活动加强控制；②对工期最长或者预算最大的活动，进一步进行审计；③对某些可以再细分的活动进一步细分。

8.3.1 进度计划变更管理

进度计划变更的方法称为时间—成本平衡法。

所谓的时间—成本平衡法，是指一种通过最低的相关成本的增加来缩短项目工期的方法。所以，时间—成本平衡法主要适用于那些进度已经拖晚的项目，使其尽可能按时完成。

1. 4个基本假设

使用时间—成本平衡法进行项目进度的计划变更，需要了解时间—成本平衡法使用的4个基本假设。只有在这4个基本假设成立的前提下，才能够使用时间—成本平衡法进行进度计划变更。4个基本假设具体如下：

1）每项活动都有两组工期和成本估计。两组工期估计：正常工期和应急工期。两组成本估计：正常成本和应急成本。所谓的正常工期，是指在正常条件下完成某个活动所需要的估计时间；应急工期是指完成某活动所需要的最短估计时间。正常成本是指在正常时间内完成活动的计划成本；应急成本是指在应急时间内完成活动的成本。

2）活动成本的增加与活动进程的加快密切相关。也就是说，如果想要加快某些活动的进程，缩短工期，那么成本必定会增加。在活动的正常点和应急点之间，工期和成本之间呈线性比例关系。所谓正常点，指的是在工期—成本坐标系上，由（工期，成本）组成的坐标点。

3）应急工期是确保活动按质量完成的时间下限，即通过增加成本，可以缩短活动工期，但是活动工期不可能无限度缩短，应急工期是工期最小值。

4）如果要将活动工期由正常工期缩短至应急工期，则必须有足够的资源保证。

2. 5个步骤

使用时间—成本平衡法来进行项目工期缩短，一般包括以下5个步骤。

1）识别关键路径及关键活动。一个项目的工期，由关键路径的长度来决定，所以选择压缩整个项目的工期,应该对那些关键活动的工期进行压缩,而对非关键活动的工期进行压缩则不会缩短整个项目工期。所以,识别关键路径及关键活动非常重要。

2) 计算关键活动的加急成本。所谓加急成本,是指在单位时间内压缩某个活动工期所需要增加的成本。计算加急成本的原因在于时间—成本平衡法的原则是要以最小的成本增加,使项目的整个工期能够缩短最多。

3) 选择加急成本最小的关键活动进行压缩。

4) 检查被压缩活动的应急工期及网络图当中关键路径的变化。首先,检查被压缩活动的应急工期和时间—成本平衡法的第3个基本假设相关。因为某个活动的应急工期是使该活动按质量完成的时间下限,所以如果选择某一关键活动,对其进行工期压缩,那么当到达它的应急工期后,就不能再压缩了,而应该选择另一个加急成本相对比较小,并且还能够压缩的关键活动。其次,关键路径是整个项目当中,从开始节点到结束节点最长的那条路径(注意不是唯一的一条)。所以,选择压缩关键活动的时候,路径的长度会变短,这时候会使原本的关键路径可能变成非关键路径,而原本的非关键路径也可能变成关键路径。

5) 如果进度压缩达到所需要的标准,则整个过程完成,否则继续退回到1)。

接下来,通过一个具体的例子来说明利用时间—成本平衡法如何进行项目的工期缩短。

 示例8.4

某个项目的关键路径图如图8.14所示。

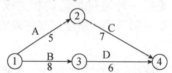

图 8.14 某项目的关键路径图

同时表8.8记录了关键路径图中,每个活动的正常工期、应急工期、正常成本以及应急成本。注意,正常工期大于应急工期,正常成本小于应急成本。

表8.8 活动工期及成本

活动 (i, j)	活动代号	正常工期 $T_n(i, j)$	应急工期 $T_c(i, j)$	正常成本 $C_n(i, j)$	应急成本 $C_c(i, j)$
(1, 2)	A	5	3	5 000	6 200
(1, 3)	B	8	7	2 000	2 500
(2, 4)	C	7	4	6 000	9 000
(3, 4)	D	6	4	1 000	2 200

对于上述项目,要使它的工期分别缩短1、2、3天(假设时间单位为天),所需要的成本(单位为元)应该分别增加多少?

按照使用时间—成本平衡法的第一步,需要识别关键路径及关键活动。很容易发现,关键路径是1—3—4,关键活动分别是活动B和活动D,项目总工期为14天。

第二步，计算关键活动的加急成本，发现活动 B 的加急成本是 500 元，活动 D 的加急成本是 600 元。

第三步，选择加急成本最小的活动 B 进行压缩。选择压缩活动 B 的时候，成本应该是原来的总成本加上加急成本。项目原来的总成本应该是 A、B、C、D 4 个活动的正常成本之和，即 14 000 元。因此项目工期缩短 1 天的成本为 14 500，工期缩短 2、3 天的项目成本请大家尝试计算，作为本章习题（参见习题 2）。

8.3.2　成本计划变更管理

成本计划变更管理是指通过对信息系统项目成本进行监控，然后与成本计划进行比较，不断调整成本运行方案。调整成本运行方案，需要了解成本监控指标。它们分别是累计预算成本（Cumulative Budget Cost，CBC），累计实际成本（Cumulative Actual Cost，CAC），以及累计盈余量（Cumulative Earned Value，CEV）。

累计预算成本指的是项目启动到某一个时间点上所有预算成本的总和。可以简单理解为从项目开始到某一个时间点计划已经拨付的经费。

累计实际成本是指从项目开始到某一个时间点所有发生的实际成本的总和。可以理解为从项目开始到某个时间点项目已经花费的经费。

累计盈余量指的是项目启动到某一个时间点所发生的盈余量的总和，是该段时间内发生成本的工作所产生的真正有效价值。可以理解为从项目开始到这个时间点项目的收益。盈余量又称为绩效量，指在每个报告期内收集到的活动完工比例与该活动总的分摊预算的乘积。

下面通过一个例子来说明累计预算成本的计算方法。累计实际成本和累计盈余量可以通过类似的计算方式得到。

示例 8.5

现在需要开发一个小型的科技管理信息系统。该信息系统的开发分成系统分析、系统设计与系统实现 3 个子活动。这个合同的总价款是 10.0 万元，要在 10 周内开发成功。项目成本计划如表 8.9 所示。请分析该项目的累计预算成本。

表 8.9　项目成本计划

项目	周										分活动小记
	1	2	3	4	5	6	7	8	9	10	
系统分析	0.4	0.6	0.6								1.6
系统设计				1.2	1.2	1.4	1.6	1.6			7.0
系统实现									0.7	0.7	1.4
每周预算成本	0.4	0.6	0.6	1.2	1.2	1.4	1.6	1.6	0.7	0.7	10.0
累计预算成本	0.4	1.0	1.6	2.8	4.0	5.4	7.0	8.6	9.3	10.0	

表格有 5 行，前 3 行分别是系统分析、系统设计与系统实现 3 个子活动，后 2 行是每周预算成本和累计预算成本。

可以看到，表格分成很多列，每一列代表项目工期的一周，共分成了 10 周。前 3 周需要完成的工作是系统分析，第一行第一列（第1周）周的数值是0.4，第2周是0.6，第3周是0.6，代表系统分析这个活动计划持续3周，每周相应的计划成本分别是0.4万元、0.6万元、0.6万元。第一行的最后一列是系统分析活动的预算成本，为1.6万元。

再观察"每周预算成本"这一行，其中的数值代表的是每一周相应列的成本的总和。在第1周，只有系统分析这个工作在进行，因此产生的成本就是0.4万元。第2周也只有系统分析这个工作在进行，所产生的成本是0.6万元。第6周的成本是1.4万元。这是因为系统设计在第6周是进行的，它的预算成本是1.4万元，同时这周没有其他的工作进行。

最后再来看"累计预算成本"这一行。第1周只有系统分析这个工作在进行，预算成本是0.4万元，所以累计预算成本也是0.4万元。第2周的累计预算成本是1.0万元，是第1周累计预算成本的0.4万元，以及第2周产生的预算成本0.6万元的总和。其他的数值可以通过同样的方式理解。

借助同样的方法，采用累计实际成本表以及累计盈余表，能够计算出CAC和CEV。有了CBC、CAC、CEV3个指标，就可以通过这3个指标之间数值的大小，对项目的成本进行监控。这3个指标数值的大小关系，反映出项目成本处在什么样的状况。

根据成本监控指标，可以分成以下两种情况。

1) CAC大于CBC。由于CAC是实际成本，CBC是预算成本，CAC大于CBC的情况，一般意味着项目成本没有得到很好的执行，实际发生的成本超出了预算。这时候，如果存在CEV大于CAC，则代表实际进度加快了。而如果CEV小于CAC，则代表项目花费过多而产生的收益较少，这是最不好的情况。

2) CBC大于CAC。这种情况一般意味着项目实际发生的成本没有超出预算。这时候，如果存在CEV小于CAC，则表示项目确实没有完成应该完成的工作，项目的进度产生了拖延。如果产生拖延，那可以按照时间—成本平衡法对项目的进度加快。如果CEV大于CAC，则代表项目实际发生的成本在预算之内，而盈余却超过了实际成本。一般只有在采用某种新技术、新方法来建设信息系统时，才可能产生这种情况。

3) 如果CAC与CBC比较接近，那么说明项目成本执行控制得比较好。一般情况下，这时CEV与CAC也会比较相近。

除了CAC、CBC以及CEV3个成本监控指标外，还有其他一些指标，也可以用来进行项目成本的监控。这些指标分别包括成本绩效指数（Cost Performance Index，CPI）以及成本差异（Cost Variance，CV）。

成本绩效指数CPI=CEV/CAC，是衡量正在进行项目成本绩效的一个指标，表明每支出一元所实现的盈余量。成本差异CV=CEV-CAC，是指以货币形式来表示盈余量与实际成本之间的差异。大家可以思考：CPI和CV分别在什么附近就表示项目成本控制得比较好？

本章小结

本章主要介绍了信息系统开发的任务划分和计划安排工作。在任务划分中，介绍了工作分解结构，即WBS图的含义及构造方法，并说明了任务分解的其他工作。在计划安排中，介绍了包括关键日期法、甘特图法、关键路径法以及计划评审技术4种方法，说明了每种方法都具有各自的特点，需要按照实际情况来进行选择。在计划安排的最后部分，介绍了当信息系统开发实际情况脱离了原本的计划时，应该如何来对计划进行变更，包括进度计划变更和成本计划变更。

习题

1. 某公司要开发一个大型信息系统，项目经理负责整个项目的开发运作。经分析，项目经理认为首先需要进行可行性分析，该项工作正常情况下需要6天，经费2 000元，加班的话可以缩短为4天，经费增加1 500元。可行性分析完毕后，3个任务可以同时进行，分别为提交项目计划、项目规划及软、硬件采购。项目经理认为这3个工作正常情况下所需时间分别为7天、6天、8天，所需花费分别为2 000元、3 000元、2 500元。如果加班，3个任务可以缩短时间完成，所需时间分别为5天、5天、7天，成本都要增加1 000元。一旦3个任务中的前两个完成就可以开始项目分析，此项工作需要10天，成本花费为4 500元。如果加派人手，可以在8天内完成，但花费增加到7 000元。而软、硬件采购完毕后可以进行软、硬件调试安装，此项工作需要3天，花费1 200元，最短也需要2天，但花费变成2 000元。项目分析完成后，有3个任务可以开始，包括模块设计、数据库设计和界面设计，其中界面设计交由外包公司完成，需要5天完成，要价3 000元。其他2个任务分别需要7天和6天完成，成本为3 500元和3 000元，最短也需要4天完成，花费都增加到5 000元。当这3个任务完成以及软、硬件调试安装完成后，就可以进行代码编写和调试，此项工作需要10天完成，花费5 000元。如果增加编程人员，则可以在8天内完成，花费8 000元。

请根据上面的描述完成下面问题：进行工作分解，绘制表格，说明任务名称、代号以及紧前任务，并按照上述分解，绘制关键路径图。

2. 图8.14所示项目，当工期缩短2天和3天时，成本分别增加多少？

第 9 章 信息系统人力资源管理

信息系统人力资源管理除了经费和时间管理，人力资源管理也是非常重要的一部分。本章谈论的是信息系统的人力资源管理，主要介绍信息系统人力资源管理的一些基本的概念以及相关方法。

9.1 人力资源管理概念

所谓人力资源管理，指的是预测组织人力资源需求，并制订人力需求计划，招聘人员、考核绩效、支付报酬并进行有效的激励，结合组织与个人需要进行有效开发，以便实现最优组织绩效的全过程。在信息系统的开发过程当中，人力资源应该遵循信息系统开发的人力资源需求特性并进行合理的组织和安排。

在前面的章节谈到，通过项目管理方式对信息系统开发进行管理，第一步是进行任务划分。在任务划分过程中，不仅需要将项目的大任务划分成具有层次结构的任务群，形成 WBS 图，同时需要对划分得到的每一项小任务进行资源分配，以确保划分的任务能够完成，这些资源就包括时间、经费、人力等。因此，在信息系统开发过程中，需要将一个机构的组织架构图与 WBS 图进行对照，分别如图 9.1 和图 9.2 所示，形成线性责任表，也称 LRC（Linear Responsibility Chart），如表 9.1 所示。

图 9.1 组织架构图

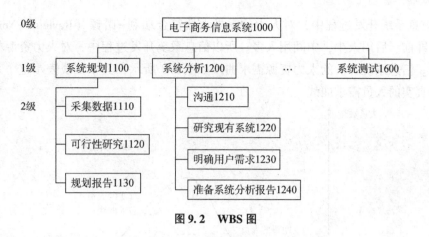

图 9.2 WBS 图

表 9.1 线性责任表

活动名称和 WBS 编码	张三	赵四	王五
1000 电子商务信息系统	P	—	S
1100 系统规划	S	P	S
1200 系统分析	P	S	—

对比表 9.1 与图 9.2 可以发现，表 9.1 的最左侧列，是每一个活动的相应名称以及相应的 WBS 编码。最上面一行分别是张三、赵四、王五 3 名企业员工。表 9.1 中相应行和列有相应 P 和 S 两个字母。其中，P 代表主要责任者，S 代表次要责任者。"电子商务信息系统"这一行，张三相应位置是 P，代表张三负责整个"电子商务信息系统"的开发，王五辅助张三，作为次要责任者。

LRC 能够将分解的任务落实到有关部门或者相应的个人，明确表示出有关部门对组织工作的关系、责任和地位，明确权利关系的作用。LRC 还可以用于阐明项目组织内、部门与部门之间、个人与个人之间的相互关系。

9.2 信息系统开发人力资源特点

信息系统开发所需的人力资源具有非常明显的特点，具体如下。

1）信息系统的开发，既是一个知识密集型也是一个劳动密集型的项目，因此，受人力资源的影响非常大。

2）人力在信息系统的开发过程当中，既可以看作成本，又可以看作资本。成本指信息系统的开发与建设，需要人来完成，需要支付人员相应的工资、报酬。因此人力可以看作信息系统开发的一部分成本。资本是指信息系统是由人来开发的，系统质量的好坏与人有极大关系，人员素质越高，开发的信息系统越好，所以人力又是资本。

3）信息系统开发过程中，对人力的需求大致符合瑞利-诺顿（Rayleigh-Norden）曲线形式，即前、后用人少，中间用人多。所以信息系统开发过程中，对人力资源的需求是不稳定的。信息系统开发的人力资源需求曲线如图9.3所示，其中实线表示整个系统开发过程当中真实的人员需求曲线。

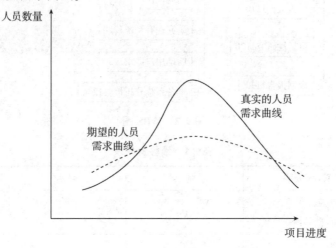

图9.3　信息系统开发的人力资源需求曲线

根据信息系统开发所需人力资源的特点，信息系统开发时人力资源安排显得尤为重要。

首先，在信息系统开发过程中，安排人员不能过多也不能过少。过少的开发人员，会导致整个项目无法按时完工；过多的开发人员，又会导致整个项目的成本增加。

其次，在信息系统开发过程中，安排人员不能随意。不能在项目初期，安排较少人员，而在中期匆忙加入人员，在后期又随意减少开发人员。信息系统开发是智力密集型工作，不可能随意安排开发人员。此外，按照Brooks定律，当项目开始后，由于前期开发人员少，导致项目拖延，如果在拖延的项目中增加人员，只能使项目进度更加落后。因为新人员的加入，会产生必要的沟通、交流以及相应的指导，这些都会产生相应的工作量，从而使项目更拖延。事实上，当开发人员成算术级增长的时候，人员之间的沟通量将以几何级的数量增长，从而导致得不偿失的结果。所以，时间和人员是不能线性互换的。

最后，在信息系统的成本估算当中，提到过Putnam模型，在Putnam模型中，工作量 $K = L^3/(C_k^3 \times td^4)$，其中 L 是软件源代码行数，C_k 是技术参数，td 是相应的开发工期。可以推出

$$td = \left(\frac{L^3}{KC_k^3}\right)^{1/4} \tag{9.1}$$

现在假设项目的工期缩短1/10，即新工期 $td^* = 0.9td$，利用式（9.1）可得

$$td^* \approx \left(\frac{L^3}{(1.52K)C_k^3}\right)^{1/4} = \left(\frac{L^3}{K^* C_k^3}\right)^{1/4} \tag{9.2}$$

式中，新工作量 $K^* = 1.52K$，即工作量会增加大约52%。

综上，在信息系统开发过程中，人员与时间的折中是一个非常重要的问题，在制订信息系统人力资源计划的时候，既需要根据瑞利-诺顿曲线配备相应的人力，又要尽量使整个阶段的人力需求趋于稳定，以便于管理。这样的人力资源配置计划，称为人力资源平衡计划。

9.3　人力资源平衡计划

人力资源平衡计划是人力资源需求波动最小化的进度计划。它是通过进度安排来使人力的需求波动曲线尽量平稳，在不拖延项目完工时间的前提下建立人力资源均匀利用的进度计划。

通过一个例子来说明人力资源平衡计划。

示例 9.1

现需要开发一个教师管理信息系统，表 9.2 列出了每个活动的代号、名称、完成时间以及所需的人力资源。

表 9.2　人力资源需求表

活动代号	活动名称	活动完成时间	所需开发人员数	紧前活动
A	网络实现	4	1	—
B	硬件采购	3	1	—
C	软件开发	7	2	—
D	系统测试	3	2	A、B、C
E	人员培训	1	1	D
F	文档写作	2	1	D

可以根据表 9.2 手动绘制关键路径图，如图 9.4 所示。

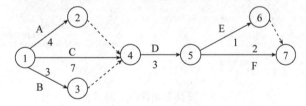

图 9.4　关键路径图

通过图 9.4 很容易发现，关键路径为 1—4—5—7，关键活动为 C、D、F。非关键活动为 A、B、E，这 3 个活动是有自由富余时间的。在此基础上，可以选择适当延后非关键活动 A、B、E，使整个项目进行过程中人员波动尽可能平缓。

手动绘制关键路径图适合比较小的项目开发。为了提高方法的可扩展性，可以尝试使用项目管理软件来解决这个问题。将表格当中相应的数据输入到软件 Project 中，在输入每项活动信息时，注意填写所需资源信息，从而可以得到如图9.5所示的甘特图。

图9.5　甘特图（注意其中人员需求为项目资源）

可以发现生成的甘特图上标注了每个活动所需的人员数量。单击"视图"按钮生成项目关键路径图，如图9.6所示。同样可以发现，C、D、F是关键活动，A、B、E为非关键活动。

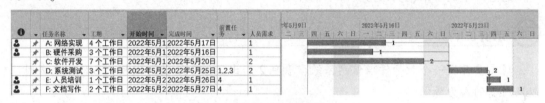

图9.6　生成的项目关键路径图

另外，可以发现，整个项目的工期为20个工作日。而从项目开始到结束，每个工作日所需人员数变化为4→4→4→3→2→2→2→2→2→2→2→1。由于A、B、E这3个活动有自由富余时间，因此可以通过适当延迟这几个活动来调配人力资源。

为了不影响整个项目的工期，通过观察，可以将活动B延后4个工作日，这样每个工作日所需人员数变化为3→3→3→3→3→3→2→2→2→2→1。

实际上Project具有自动调配项目资源的功能，可以用来帮助进行项目开发中的人力资源平衡。单击Project中"资源"选项，单击"调配资源"按钮，可以生成如图9.7所示的甘特图。

图9.7　项目资源调配后的甘特图

可以发现，Project得到的结果和观察一致。人力资源调配前、后的人力资源波动曲线如图9.8所示。

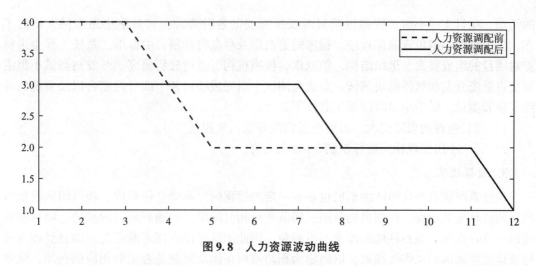

图9.8 人力资源波动曲线

很显然，人力资源调配后，人力资源波动曲线变化更加平缓。

上面的例子展示了人力资源平衡计划的核心方法，即通过进度安排来使人力波动尽量平缓。但要注意的一点是，上述的讨论都是在无任何约束条件下进行的。如果存在一定的资源约束，人力资源的平衡方法应该和上述方法类似，仍然是依靠推迟非关键活动来使人力资源需求尽可能达到平衡，只是需要考虑额外的资源约束限制。在这种情况下，项目的进度可能会有较大的变化。

9.4 信息系统开发团队

最后，在信息系统开发人力资源管理过程当中，还需要注意信息系统开发的团队组织。一个信息系统开发的项目团队，应该是由项目经理领导的，通常下设6个小组，即过程管理小组、项目支持小组、质量保证小组、系统工程小组、开发与测试小组和集成与测试小组。

1. 项目经理的工作

项目经理的工作包括以下7个部分。

1）负责项目立项、需求调研、需求分析、系统开发、系统部署实施等过程的管理。
2）负责项目团队管理和项目开发工作，包括确定项目的人员工作安排。
3）编制项目开发计划，识别和控制项目风险，有效控制项目开发过程和项目质量。
4）参与项目评审、评估会议。
5）有效管理项目资源，为项目所有成员提供足够的设备、有效的工具和项目开发过程。
6）负责与客户的沟通，有效控制客户的需求，解决项目开发过程中遇到的质量问题和管理问题。
7）负责项目资料的收集、整理、建档、保存。

2. 项目小组

每一个小组也有具体的工作。过程管理小组负责记录、管理和持续改进系统开发过程的活动。项目支持小组负责提供项目开发所需要的各种资源,对其他小组提供支持性工作。质量保证小组负责确保程序、程序的更改以及存盘符合制订的标准。系统工程小组负责对项目的组成要素、组织结构、信息流、控制机构等进行分析研究。开发与测试小组主要负责系统开发和软件模块测试。集成与测试小组完成项目各个部分的整合以及系统的最终安装和测试。组织小组时需要注意以下2点。

1) 项目经理的权限很大,需要有经验的开发人员担任。

2) 每个小组的规模应该控制到2~8人为宜。

3. 项目团队

信息系统项目开发团队的形成也是有一定的过程的,不能仓促形成,项目团队建设对项目的成功至关重要。在项目的早期,团队建设相对简单,但随着项目的推进,项目团队建设一直在深化。项目环境的改变不可避免,因此团队建设应该不断进行。项目经理应该持续地监控团队的工作与绩效,以确定为预防或纠正团队问题是否采取相应的行动。优秀的项目团队的形成,一般要经历以下5个阶段。

1) 形成阶段:由单个的个体成员转变为团队成员,开始形成共同目标,这时团队成员往往对团队的未来充满美好的期待。

2) 震荡阶段:团队成员开始执行分配的任务,一般会遇到超出预想的困难,面对现实,个体之间开始争执,互相指责,并且开始怀疑项目经理的能力。

3) 规范阶段:经过一定时间的磨合,团队成员之间相互熟悉和了解,矛盾基本解决,项目经理能够得到团队的认可。

4) 发挥阶段:随着团队成员相互之间的默契配合和对项目经理的信任,成员积极工作,努力实现目标。这时集体荣誉感非常强,常使用第一称谓,如"我们那个组""我们部门"等,并努力捍卫团队声誉。

5) 结束阶段:随着项目的结束,团队也解散了。

以上的每个阶段按顺序依次出现,至于每个阶段的长短则取决于团队的结构、规模和项目经理的领导力。

本章小结

本章谈论的是信息系统项目开发过程当中的人力资源管理,主要介绍了4个内容,人力资源管理的概念、信息系统开发的人力资源特点、人力资源平衡计划和信息系统开发团队。

习题

1. 简述信息系统人力资源的需求特点。
2. 简述信息系统人力资源的平衡计划。

第 10 章　信息系统质量管理

10.1　质量管理

10.1.1　质量管理概念

要介绍质量管理，首先应该明确什么是质量。质量的概念比较抽象，一般情况下，质量指的是，实体具有的，能够满足明确的和隐含的各种需求的特性总和。

例如，大家现在使用的都是智能手机，那么如何评判一个智能手机质量的好坏呢？手机的外观、屏幕分辨率和刷新率这些都是容易度量和感知的手机特性，称为明确特性；而操作系统逻辑性、操作系统流畅度、图标美观程度等，这些都是受主观影响的、不容易度量的特性，称为隐含特性。一部智能手机的质量，取决于这两方面的特性之和，只有这两个特性都达到比较高的等级，才能说手机质量好。

了解了质量的概念后，可以定义质量管理的概念。质量管理是指确定质量方针、目标和职责，并通过质量体系中的质量策划控制、保证和改进来使其实现的全部活动。也就是说，质量管理是在相应的资源限制条件下，使产品和服务达到比较高的质量，所需要进行的一些工作和管理。

10.1.2　质量管理发展阶段

质量管理经历了很长的发展历史，一般情况下，可以把质量管理的发展历史划分成3个阶段：检验质量管理阶段，统计质量管理阶段以及全面质量管理阶段。

1. 检验质量管理阶段

检验质量管理阶段，还可以细分成传统质量检验阶段以及质量检验阶段。

1）从原始质量管理方法的出现到19世纪末，受手工业作坊或家庭生产经营方式的影响，产品质量主要依靠工人的操作经验，即靠手摸、眼看等来估计和进行简单的度量，工人既是操作者又是检验员，而经验就是"质量标准"，这一阶段称为传统质量检验阶段，也称"操作者的质量管理"。

2）20世纪初到20世纪40年代，随着工业革命的到来，机器化生产取代了手工作坊，劳动者集中到工厂内进行批量生产，由于生产规模的扩大以及职能的分解，独立的质量部门承担了质量控制职能。专业的检验员使用各种各样的检测设备和仪表，对产品质量严格把关，进行百分之百的检验。这个阶段称为质量检验阶段，也称"检验员的质量管理"。

检验质量管理阶段，质量管理的缺点可以归结成两点：第一，效率比较低，每一个样品都需要进行检验，这样才能判断它的质量；第二，即使发现产品的质量低，但由于产品已经制作完成了，因此造成了资源的浪费，没有起到预防的作用。

2. 统计质量管理阶段

统计质量管理阶段一般认为是在第二次世界大战后到20世纪60年代之前。统计质量管理阶段是指在这个阶段当中，对于产品质量的管理，运用了统计学的一些方法，包括数据抽样技术、数理统计方法等，来估计大批量产品相应的质量等级。通过这些方法，统计质量管理能在产品的质量波动中寻找客观规律，制定措施，消除异常波动，将生产的各个环节控制在稳定状态，质量管理由事后检验逐渐向事前预防转化。

但是由于这个阶段过分强调统计方法，忽视了组织内部的管理，使人们误以为"质量管理就是统计方法"，对质量管理产生了一种"高不可攀、望而生畏"的感觉，因此，限制了质量管理统计方法的普及推广。

3. 全面质量管理阶段

第二次世界大战后，美国通用电气公司质量总经理费根堡姆在《全面质量管理》一书中提出，执行质量职能是公司全体人员的责任，大家都应具有质量意识，并承担质量的职责。质量管理过程从原来的制造、检验，延伸到市场调研、设计、采购、包装、发运、使用等各个环节，全面质量管理的概念开始兴起。20世纪80年代以后，全面质量管理的思想被世界各国所接受，不同国家在运用过程中各有所长，衍生出ISO 9000系列标准、六西格玛管理[1]、卓越绩效[2]等，并沿用至今。

全面质量管理强调团队工作，以促进所有的员工设法、持续改进组织所提供产品/服务的质量、工作过程和顾客响应时间等。全面质量管理由结构、技术、人员和变革推动者4个要素组成。

全面质量管理的特点可以概括为以下3点。

1) 全员工质量管理：在质量管理过程中，整个企业的全体员工，无论高层管理者还是普通办公职员或是一线工人，都应该参与到质量管理中。参与"改进工作质量管理的核心机制"，是全面质量管理的主要原则之一。

2) 全过程质量管理：产品生产的全过程都要进行质量管理。全过程的质量管理必须在市场调研、产品的选型、研究试验、设计、原料采购、制造、检验、储运、销售、安装、使用和维修等各个环节中都把好质量关。其中，产品的设计过程是全面质量管理的起点，原料采购、制造、检验过程是实现产品质量的重要过程。而产品的质量最终是在市场销售、售后服务的过程中得到评判与认可的。

---

[1] 六西格玛管理（Six Sigma Management）是20世纪80年代末首先在美国摩托罗拉公司发展起来的一种新型管理方式。推行六西格玛管理就是通过设计和监控过程，将可能的失误减少到最低限度，从而使企业实现质量与效率最高，成本最低，周期最短，利润最大，全方位地使顾客满意。

[2] 卓越绩效是通过综合的组织绩效管理方法，使组织和个人得到进步和发展，提高组织的整体绩效和能力，为顾客和其他相关方创造价值，并使组织持续获得成功。

3) 全面的方法管理,全面的质量:全面的方法包括科学的管理方法、数理统计的方法、现代电子技术、通信技术等。全面的质量包括产品质量、工作质量、工程质量和服务质量。

全面质量管理的思想基础和方法依据是 PDCA 循环。PDCA 循环是由美国质量管理专家沃特·阿曼德·休哈特(Walter A. Shewhart)首先提出的,由戴明采纳、宣传,从而获得普及,所以又称戴明循环。根据 PDCA 循环,在质量管理活动中,要求把各项工作按照特定计划、计划实施、检查实施效果,然后将成功的纳入标准,问题留待下一循环去解决。这一工作方法是质量管理的基本方法,也是企业管理各项工作的一般规律。

PDCA 循环的含义是将质量管理分为 4 个阶段、8 个步骤,并依靠 7 种工具来实现,如图 10.1 所示。

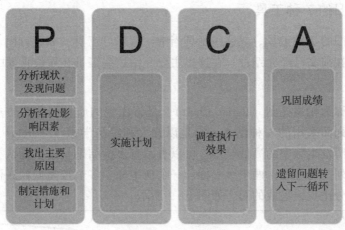

图 10.1　PDCA 循环

PDCA 的 4 个阶段具体如下。

1) P(Plan)阶段,即计划阶段。在这个阶段制订质量管理的目标,以及活动规划。

2) D(Do)阶段,即执行阶段。根据已知的信息,设计具体的方法、方案和计划布局。再根据设计和布局,进行具体运作,实现计划中的内容。

3) C(Check)阶段,即检查阶段。总结执行计划的结果,分清对错,明确效果,找出问题。

4) A(Act)阶段,即行动阶段。对总结检查的结果进行处理,对成功的经验加以肯定,并予以标准化。对于失败的教训也要总结,引起重视。对于没有解决的问题,应提交给下一个 PDCA 循环去解决。

以上 4 个阶段不是运行一次就结束,而是周而复始地进行,即一个循环结束,解决一些问题,未解决的问题进入下一个循环,呈阶梯式上升。

PDCA 循环中的 8 个步骤是对每一阶段的细分,在 P 阶段将具体内容划分成 4 个步骤,即分析现状,发现问题;分析各种影响因素;找出主要原因;制定措施和计划。而在 A 阶段中将具体任务划分成两个步骤,即巩固成绩;遗留问题转入下一个 PDCA 循环。D 和 C 两个阶段不划分,直接视为两个步骤。

在 P 阶段中分析影响因素,找出主要原因对于改进质量至关重要,只有发现和找到正确的问题,才能采取正确的策略。那如何分析和找到问题?PDCA 循环借助 7 种工具来实现。

10.2　全面质量管理的7种工具

PDCA 循环中的 7 种工具分为旧的 7 种工具和新的 7 种工具。旧的 7 种工具分别是排列图、流程图、因果图、查表法、控制图、直方图、散布图，可以发现这些工具基本都是统计分析工具。新的 7 种工具分别是 KJ 图、系统图、矩阵图、矩阵数据分析法、过程决策程序图、箭头图、关系图，可以发现这些工具都是管理学上使用的图形及分析工具。所以说，全面质量管理综合地运用了统计和管理的方法来进行质量控制。

10.2.1　旧的7种工具

先简单介绍旧的 7 种工具。在这些工具当中，有部分工具，如直方图、流程图、因果图、散布图等，在前文已经介绍过。在这里主要介绍这些工具在质量管理中的应用。

1. 排列图

排列图，也称为帕累托图（Pareto Chart），是将出现的质量问题和质量改进项目按照重要程度依次排列而采用的一种图表。它是以意大利经济学家 V. Pareto[①] 的名字命名的。排列图将问题按照发生频率的高低绘制，可以表示有多少结果是由已确认类型或范畴的原因所造成的。排列图通常是由两个纵坐标、一个横坐标、多个按高低顺序依次排列的长方形和一条累计百分比折线组成的图，如图 10.2 所示。

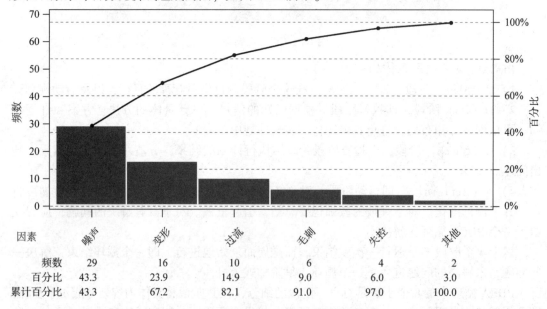

图 10.2　排列图示意（关于马达问题）

---

① 帕累托是著名的管理学家，还提出帕累托最优理论。帕累托最优，是指解决一个问题，通常需要抓住其中 20% 最重要的因素，因为 20% 的因素常常会产生 80% 的效果。

通过排列图能够很容易地观察出哪些因素是影响问题的主要因素。排列图中按照累计百分比,可以将原因分成 3 类:A 类是指 0~80%,注意 80% 是一个大致的累计百分比,属于 A 类的因素为主要因素和需要主要改进的方向;B 类是位于 80%~90% 的相应的因素,这些因素称为次要因素;C 类是位于 90%~100% 的相应的因素,这些因素称为一般因素。

图 10.2 所示的排列图显示了某种类型马达产生的各种问题,可以发现主要问题是噪声、变形及过流。这 3 个因素导致的马达问题所产生的累计百分比已经超过了 80%。因此为了提高马达质量,最主要的就是先尝试解决这 3 个问题。

排列图的作用有以下 3 个。

1)确定改进的主攻方向。帕累托图的纵轴常常用来表示问题发生的百分比,横轴表示造成问题的各个变量。绘制帕累托图时,应当注意将造成问题发生的各个变量按照造成问题发生的百分比的大小,从左到右依次排列,然后再从左到右累积求各变量造成问题发生的百分比之和,并描点连线,当首先累计达到 80% 时,就是所考察问题的关键因素和解决问题的方向。

2)确认改进效果。在 PDCA 循环的 C 阶段,可以绘制新的排列图并与未采取措施前的排列图进行比较,观察主要因素是否降低到了次要位置,如果发生了这种变化,则证明改进措施是有效的。

3)提出新的改进方向。在新的排列图当中,新上升为主要因素的原因,应当在下个 PDCA 循环当中得到解决。

示例 10.1

某个薄板生产车间的包装质量有问题,经过调查,找到造成问题的原因和它们的发生频数,统计整理后如表 10.1 所示。

表 10.1 薄板问题汇总表

序号	不合格原因	频数/件	累计频数	累计百分比/%
1	跺板不齐	94	94	34.56
2	围板褶皱	82	176	64.71
3	包装纸坏	49	225	82.72
4	扎带松	25	250	91.91
5	标签脱落	15	265	97.42
6	垫版不合	4	269	98.90
7	其他	3	272	100.00
总计		272		

可以将表格中的数据输入 Excel 中,选中数据后生成相应的排列图,如图 10.3 所示。

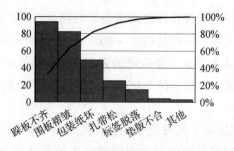

图 10.3 薄板问题的排列图

通过图 10.3 很容易发现：踩板不齐、围板褶皱、包装纸坏这 3 个因素的累计百分比超过了 80%。所以，根据 PDCA 循环，在当前情况下，应该首先指定策略与方法处理踩板不齐、围板褶皱、包装纸坏这 3 个问题。然后在 C 阶段，通过检查和统计这 3 个问题是否会下降为次要因素，从而进入下一个 PDCA 循环。

2. 流程图

使用 Visio 可以绘制流程图，这里介绍流程图在质量管理中的作用。流程图是理解和分析过程的主要方法之一，用于展现过程的步骤和决策点的顺序，如图 10.4 所示。

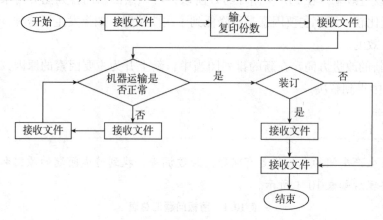

图 10.4 流程图示意

生产和管理过程可以按照流程图所示的流程进行，一旦遇到问题，就进行相应的下一步操作。绘制流程图的优点体现在以下 4 个方面。

1）绘制流程图往往是质量改进团队确定问题的范围和讨论解决方案的起始点。

2）可以帮助质量改进团队的成员，对于过程和问题所涉及的各个方面和各个环节，有一个全面、共同的了解。

3）可以明确团队成员各自的角色，加强沟通和相互理解，以便更好配合。

4）可以通过讨论或者绘制流程图相互启发，发现和改进过程当中的冗余和缺陷。

3. 因果图

在信息系统规划阶段使用的关键成功因素法中谈到，因果图可以用来对问题进行分解，将大问题分解为小问题，从而找到解决大问题的方法。同样，在质量管理过程中，因果图可以用来向质量改进团队成员分析产生质量问题的种种可能原因，从而找到问题的原因和结果之间的相应关系。因果图常常结合头脑风暴（Brain Storming）法使用，从而尽可能地发挥团队的优势。图 10.5 所示为因果图示意。

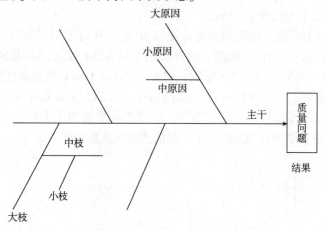

图 10.5　因果图示意

4. 查表法

查表法是指利用某种检查表或者记录表、调查表来检查产生问题相应的原因。检查表或者记录表，是用来收集与分析问题产生原因的原始数据的工具。检查表或记录表有多种形式。图 10.6 显示了两张不同形式的检查表。

图 10.6（a）所示的废品项目调查表，可以记录产生废品的一些相应原因。图 10.6（b）所示的矩形电路板缺陷位置调查表，代表一个矩形电路板，○代表污点，×代表划伤，△代表裂纹，在这个矩形中，相应的位置上标记了相应的图形，代表在这个电路板中出现了相应的问题，这种检查表非常直观。

日期	班次	检查量/吨	原料量/吨	合格量/吨	废品量/吨	废品率/%	废品项目				
							（1）	（2）	（3）	…	其他
	甲										

(a)

(b)　○——污点　　×——划伤　　▽——裂纹

图 10.6　质量管理检查表
（a）废品项目调查表；（b）矩形电路板缺陷位置调查表

5. 控制图

控制图可以用来判断产品质量是否属于稳定状态，是带有控制界限的一种图形化工具。控制图作为数据采集或者处理的工具，有以下 2 个重要的用处。

1）用来进行生产分析，称为分析用控制图。它可以分析生产过程当中是否存在特殊影响因素，从而导致产品质量出现失控的状态。

2）用来进行生产控制，称为控制用控制图。控制用控制图可以说明过程是如何随着时间变化的，从而监控整个生产过程。

图 10.7 为控制图示例。将图形逆时针旋转 90 度，在这个图形下方就能够看到一个类似正态分布密度曲线的一个钟形曲线。此外，图上标有 3σ 数值。3σ 是和正态分布密度函数特性非常相关的一个值（回忆 3σ 原则）。CL（Control Line）代表最优质量控制线，即希望产品质量达到的标准。UCL（Upper Control Line）和 LCL（Low Control Line）分别为在上、下质量控制下，产品质量能够浮动的控制线。如果产品质量的某个指标在最优控制线 $\pm 3\sigma$ 之间，即上、下质量控制线之间，则这个产品的质量是比较好的。

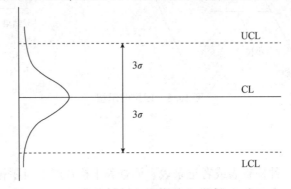

图 10.7 控制图示例 1

图 10.8 所示也是控制图的示例。可以发现图 10.8（b）中所有的产品质量指标都是在 UCL 与 LCL 之间，或者说最优控制线 $\pm 3\sigma$ 之间。图 10.8（a）中，有一个点在 LCL 下方，说明该图显示的这批次产品中，有一件产品的质量不合格。

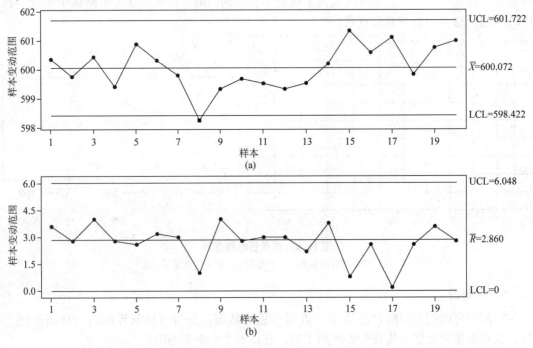

图 10.8 控制图示例 2

(a) 质量不合格的情况；(b) 质量合格的情况

当出现质量不合格的产品后，需要分析其出现的原因。
1）普通原因，就是指随机的、偶然的一些因素，通常情况下不需要特殊关注。
2）特殊原因，是指可以查明的，某个真正需要消除的因素。
那么如何分辨产品质量变差的原因是普通原因还是特殊原因呢？这主要依靠分析原因的特点。
如果是由普通原因产生的，则一般会满足以下4点。
1）所有的点都应该没有固定的规律。
2）大约有2/3的点应该落在最优质量控制线附近至正、负标准差范围之内。
3）少数一些点应该落在控制线的附近，但是没有超出控制线。
4）最优质量控制线上、下点的数量应该大致相等。
如果控制图出现以上4种规律，那么可以说产品质量变化是由普通原因产生的，而不是由某个特殊的需要消除的因素产生的。

6. 直方图

直方图在质量控制中称为质量分布图。它是将数据在其分布的范围内分成若干区间，计算数据录入各个区间的频率并列出频数表，然后根据频数表绘制而成的图形，如图10.9所示。

直方图的作用包括以下2个方面。
1）在绘制直方图的时候，可以显示不同的设备、操作者、物料、操作方法、环境等因素对质量影响的差异程度。
2）将直方图的形状与典型的各种直方图分布情况进行比较，可以大致看出产品的质量分布形态，从而分析出现质量问题的原因和需要采取的相应措施。

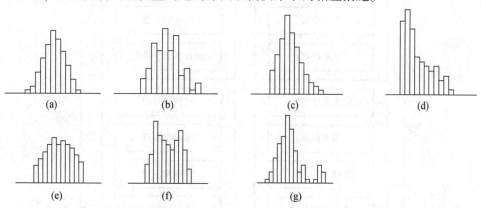

图 10.9　直方图

(a) 标准型；(b) 锯齿型；(c) 偏峰型；(d) 陡壁型；(e) 平顶型；(f) 双峰型；(g) 孤岛型

7. 散布图

散布图也称散点图，在质量控制中，可以从实测的数据出发来确定两个变量之间的相关关系，并且可以对这两个变量之间的关系、可靠程度进行统计检验，还可以从影响输出变量的众多因素当中来判断哪些因素的影响是最为重要的，最后利用求得的变量之间的关系对生产进行预测和管理。

在第3、4两章中已经提到散布图，这里再稍做总结。

1）不是所有的变量之间的关系都是线性的，线性相关性可能仅存在于某一个小的区间内。
2）由于散布图的坐标轴的刻度缩放，会导致变量之间的相关关系不太直观明显。
3）强相关并不意味着变量之间存在因果关系，这一点需要特别注意。
4）相关程度的统计学量化描述，需要使用相关系数 p。

10.2.2 新的 7 种工具

在 PDCA 循环当中，除了以上旧的 7 种工具以外，还有新的 7 种工具。

1. 亲和图

亲和图也称 KJ 图，是由日本学者川喜田二郎研究并推广的一种质量管理工具。KJ 图可以将处于混乱状态的语言文字资料，利用其内在的联系，加以归纳分类整理，然后找出解决问题的方法。KJ 图不是用数据说明问题，而是用文字来说明问题，是在讨论问题的时候充分吸收参加者的经验知识和想法，用文字对所表达的内容分类和整理，汇总后按其内在亲和性（即相互关系）归纳整理这些资料，从复杂的现象中整理出思路，抓住实质，使问题明确，求得统一认识，以利于找出解决问题的途径。

图 10.10 显示了如何用 KJ 图来分析开设一家受欢迎的快餐店需要考虑的一些问题。

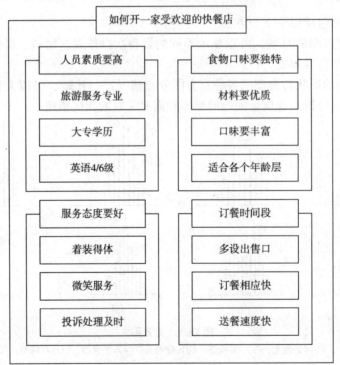

图 10.10　如何开设一家受欢迎的快餐店的 KJ 图

可以发现，开设一家受欢迎的快餐店，需要考虑人员素质、食物口味、服务态度及订餐时间。每个因素下面又有一些相关的标准，满足这些标准就可以满足相关的因素。

亲和图的明显优点是，在解决问题过程中，可以促进团队学习、开拓视野、突破部门藩篱，并获得整体的观点，有助于减轻内部矛盾，并将精力集中于解决问题，而不是内部耗损。但是亲和图和头脑风暴法一样，需要有引导者，只有在有经验的人引导下，才能有效促成坦诚与开放的态度,并在分类与归纳过程中,形成合理的答案。

亲和图与统计分析方法不同,统计分析方法强调一切用数据说话,而亲和图则强调用事实说话,靠"灵感"发现新思想、解决新问题。

2. 系统图

系统图又称为树图,是将任务层层分解为实现目标所需要的详细步骤的方法。它和信息系统经济资源管理过程当中用任务分解法思考问题的模式接近。

系统图是指把要实现的目的与需要采取的措施或手段系统展开,以明确问题的重点,寻找最佳手段或措施的一种方法。图10.11所示是一个系统图的示例。从图中可以看到,为了达到一级目的,必须采取某种手段,而为了实现这种手段又必须考虑下一级的目的,这样上一级的手段就成为下一级的目的。

利用系统图,可以比较容易展开事项,从而统一成员的意见,并且系统图上能够清楚展示解决问题的手段。

(1) 适用范围

系统图适用于解决以下5类问题。

1) 新产品研制过程中设计质量的展开。

2) 制订质量保证计划,对质量活动进行展开。

3) 目标、方针、实施事项的展开。

4) 明确部门职能、管理职能。

5) 对解决企业有关质量、成本、三交货期等问题的创意进行展开。

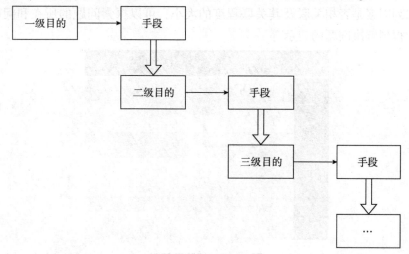

图10.11 系统图的示例

(2) 绘制步骤

系统图的绘制一般包括以下5个步骤。

1) 确定目的和目标。该步骤是指具体地提出研究对象所要达到的最终目的和目标,尽可能用数据和简练的语言,醒目地记在卡片上,同时写明"为什么要达到此目的和目标",对于为实现目的和目标的条件和注意事项也要简要注明,同时根据更高一级的目的、目标来判定该目的、目标是否可行。

2）提出手段和措施。该步骤是指召开诸葛亮会①，集思广益，提出实现目的的各种手段。

3）评价手段和措施，决定取舍。该步骤是指对找出的手段、措施是否得当进行评价，并进行取舍选择，决定下一步应保留和淘汰的东西。评价中可用一些符号来表示评价的结果。

4）绘制系统图。绘制系统图是最重要的一环。具体做法是，首先把程序"1"中确定的目的和目标置于图纸左端的中间，然后把为了达到的目的和目标与必要的手段和措施之间的关系联系起来。在联系的过程中要仔细考虑各因素之间的逻辑关系，一般要提出如下几个问题：为了达到确定的目的和目标首先应采用什么手段；如果把这种手段和措施作为"目的"，那么为了达到此"目的"还需进一步采用怎样的手段；实施这些手段或其中一部分，是否真正达到高一级的"手段"或"目的"。

5）制订实施计划。该步骤是指根据对象制订实施计划，这时要使系统图中最低级的手段进一步具体化、精练化，并决定其实施内容、日程和承担的任务等事项。

3. 矩阵图

矩阵图，是通过多维思考借助于数学上矩阵的形式进行分析，从而确定问题关键点的方法。矩阵图的形式如图10.12所示。A为某一个因素群，a_1、a_2、a_3、a_4等属于A这个因素群的具体因素，将它们排列成行；B为另一个因素群，b_1、b_2、b_3、b_4等属于B这个因素群的具体因素，将它们排列成列。行和列的交点表示A和B各因素之间的关系，按照交点的行和列因素是否相关联及其关联程度的大小，可以探索问题的所在和问题的形态，也可以从中得到解决问题的启示等。

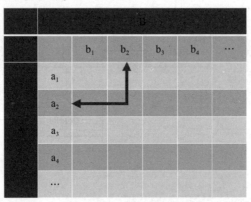

图10.12 矩阵图示例

质量管理中所使用的矩阵图，其成对因素往往是要着重分析的质量问题的两个侧面，若生产过程中出现了不合格，则需要着重分析不合格的现象和不合格的原因之间的关系。为此，需要把所有缺陷形式和造成这些缺陷的原因都罗列出来，逐一分析具体现象与具体原因之间的关系，这些具体现象和具体原因分别构成矩阵图中的行元素和列元素。

---

① 开诸葛亮会，比喻开会集中大家的智慧。

(1) 特点

矩阵图可以展现两组或两组以上成对因素间的关系，同时能获得更多的相关性信息，其特点如下。

1）分析成对的影响因素，方便进行多元性评估。
2）成对因素之间的相关性清晰明了，便于确定重点。
3）可根据多元性评估，将潜伏的各项因素找出来。
4）在亲和图、系统图等工具已分析至极限时，可以结合使用矩阵图。

矩阵图有多种不同的类型，包括 L 形、T 形、Y 形、X 形等，如图 10.13 所示。

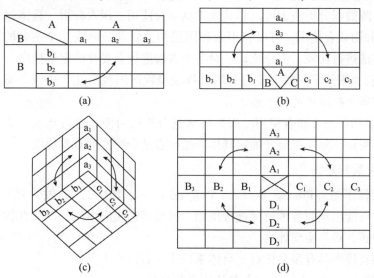

图 10.13 不同类型的矩阵图
(a) L 形；(b) T 形；(c) Y 形；(d) X 形

(2) 步骤

矩阵图的绘制包括以下 5 个步骤。

1）确定事项。
2）选择因素群。
3）选择矩阵图类型。
4）根据事实或经验评价和标记。
5）数据统计寻找着眼点、行列交叉点。

4. 矩阵数据分析法

矩阵数据分析法，与矩阵图相类似，其区别不是在矩阵图上填符号，而是填数据。在矩阵图的基础上，把各个因素分别放在行和列上，然后在行和列的交叉点中用数量来描述这些因素之间的对比，再进行数量计算，定量分析，确定哪些因素相对比较重要。矩阵数据分析法是质量管理工具中唯一一种利用数据分析解决问题的方法，但其结果仍要以图形表示。

(1) 适用范围

矩阵数据分析法适用于以下 3 类问题。

1）市场调查数据分析。当进行顾客调查、产品设计开发或者其他各种方案选择时，往往需要考虑多种影响因素，并确定各因素的重要性和优先考虑次序。矩阵数据分析法可以对市场调查数据分析计算，判断出顾客对产品的要求、产品设计开发的关键影响因素、最适宜的方案等。

2）多因素分析。在某工序影响因素复杂且各因素间存在可量化的关系时，可以进行较准确的分析。

3）复杂质量评价。通过对影响质量的大量数据进行分析，确定哪些因素是质量特性。

(2) 结合使用

此外，矩阵数据分析法也可以和其他工具结合使用，深入分析，具体如下。

1）与亲和图联合使用。可以利用亲和图把相关要求归纳成几个主要的方面，然后用矩阵数据分析法进行比较，汇总统计，对各个方面进行重要性的定量排序。

2）与过程决策程序图联合使用。用过程决策程序图找出几个决策方案，通过矩阵数据分析法确定哪个决策更适合实施。

3）与质量功能展开联合使用。用矩阵数据分析法对因素进行比较，确定重要程序顺序，再针对结果用质量功能展开确定具体产品或者某个特性的重要程度。

5. 过程决策程序图

过程决策程序图（Process Decision Program Chart，PDPC）的做法是在制订计划时，对执行过程中可能出现的各种情况进行预测，提出多种相应措施，以便在执行过程中随时进行预测和修正，最终实现计划。

过程决策程序图具有很多优点，具体来说主要有以下 4 点。

1）能从整体上掌握系统的动态并依此判断全局。

2）具有动态管理的特点，PDPC 是在运动的，而不像系统图是静止的。

3）具有可追踪性。PDPC 很灵活，既可以从出发点追踪到最后的结果，也可以从最后的结果追踪中间发生的原因。

4）能预测那些通常很少发生的重大事故，并在设计阶段预先考虑应付事故的措施。PDPC 法可以预测那些通常很少发生的重大事故，并且在设计阶段预先就制订出应付事故的一系列措施和办法。

PDPC 可分为两种，一种是顺向思维法，另一种是逆向思维法。

顺向思维法是定好一个理想的目标，然后按顺序考虑实现目标的手段和方法。这个目标可以是任何东西，如一项具体的革新、一个技术改造方案等。为了能够稳步达到目标，需要设想很多条路线。总而言之，无论怎样走，一定要走到目的地。但行走的方案，应该事先就已经讨论过了，所有的问题应该都预测到了。这样的话，在计划的实施过程中，就不会害怕突发性的事故。顺向思维法的 PDPC 图如图 10.14 所示。

逆向思维法应该从理想状态开始，考虑实现这个目标的前提是什么，为了满足这个前提又应该具备什么条件。一步一步退回来，直到退回出发点。逆向思维法的 PDPC 图如图 10.15 所示。

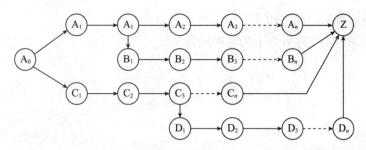

图 10.14 顺向思维法的 PDPC 图

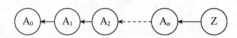

图 10.15 逆向思维法的 PDPC 图

6. 箭头图

箭头图是计划评审技术（PERT）在质量管理中的具体应用。此种方法是以任务所需工时为时间因素，用任务间相互联系的网络和一些简单算法来反映整个任务的全貌，全面筹划，统一安排，寻求最优实施方案。箭头图法是在 1957 年首先由美国杜邦公司推出的。

箭头图的适用领域包括以下 7 个方面。

1) 新品开发计划和管理。
2) 产品改进计划制订和管理。
3) 试生产阶段计划制订和管理。
4) 量产阶段计划制订和管理。
5) 工厂迁移计划及管理。
6) 工程安装、修缮计划和管理。
7) 各种事务的统筹。

7. 关系图

在使用关系图过程中，首先要把影响质量问题的各种因素用简明确切的文字加以表述，然后用箭头表示各种因素相互制约关系，从而形成关系图。关系图具有可以把原因和结果、目的和手段等逻辑关系、因果关系明确表示出来的特点。相比于亲和图，关系图仅仅对项目的各种各样想法，通过分类加以组织表示出来。此外，影响质量的因素之间存在着大量的因果关系，这些因果关系有的是纵向关系，有的是横向关系。纵向关系可以使用因果分析法来加以分析，但因果分析法对横向关系的考虑不够充分，这时就可以采用关系图。关系图法是根据事物之间横向因果逻辑关系找出主要问题最合适的方法，图 10.16 是关系图示例。

关系图主要适用于解决以下 7 类问题。

1) 用于企业制订推行全面质量管理的计划。
2) 用于确定质量管理和质量保证的方针及其展开。
3) 用来指定生活过程中减少不合格品的措施。
4) 用来寻求解决索赔意见的相应措施。
5) 用来确定质量管理小组的活动规律。

6)改进企业各部门的工作。

7)用来寻求解决工序管理上的各种问题。

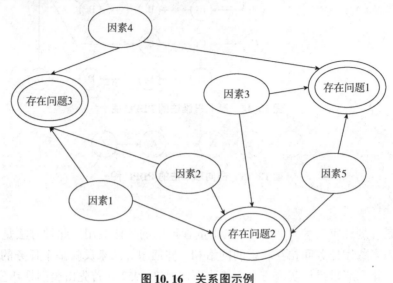

图 10.16 关系图示例

10.3 信息系统软件质量管理

上面两节介绍了质量管理的一般方法和一些工具,接下来讨论信息系统软件质量管理。首先要明确两点:第一,信息系统的质量是比较难以衡量的,主要原因在于信息系统的质量指标是难以定义的;第二,信息系统的最主要的核心是软件,软件的质量更加难以衡量。这一节介绍软件质量的度量方法,以及如何从软件质量管理的角度,来讨论信息系统的质量管理。可以这样说,信息系统的质量管理指的就是软件质量管理。

10.3.1 软件质量要素概念

要来谈论软件质量管理,首先应该明确什么是软件质量。按照质量的定义,可以给出软件质量的定义,即软件产品满足规定的或者隐含的与需求能力有关的全部特征和特性的集合。简而言之,软件质量是软件满足用户要求的某种程度,是用户对这个软件产品的综合满意程度。

从软件质量定义可以看出,软件的质量主要可以从两个侧面来观察:一个是用户对软件的各种要求,另外一个是软件所体现出来的各种特性。因此,可以把度量软件质量的指标也分成两个层面:一个是面向用户或者管理的,称为一级质量特性指标;另一个是面向技术的,称为二级质量特性指标。表 10.2 列出软件质量的一级质量特性指标,以及其对应的含义。

表 10.2 软件质量的一级质量特性指标及含义

名称	含义
功能性	软件所实现的功能达到它的设计规划和满足用户需求的程度
可靠性	软件能够正常维持其工作的能力
可维护性	能使软件正常运行所需要的条件
易用性	用户在学习、操作和理解某个软件过程中所做努力的程度
有效性	软件实现某种功能所需的计算机资源的有效程度
可扩充性	在功能改变和扩充情况下,软件能够正常运行的能力
可移植性	软件从现有运行平台向另一运行平台过渡所做的努力
重用性	整个软件或者其中一部分能作为软件包而被再利用的程度
安全性	软件具备的自身保护能力

一级质量特性指标的描述非常抽象,具有一定主观性。表中的功能性、可靠性、可维护性 3 个一级质量特性指标,是所有一级质量特性指标当中最为重要的,在后文还会继续谈到。

表 10.3 列出了软件质量的二级质量特性指标,包括适合性、准确性、易学性等。二级质量特性指标是面向技术的,因此可以发现,相比于一级质量特性指标,软件二级质量特性指标要更加具体、更加客观。

表 10.3 软件质量的二级质量特性指标及含义

名称	英文名称	含义
适合性	Suitability	软件能否提供一组功能及这组功能的适合程度
准确性	Accuracy	能否得到正确或相符的结果或效果
互操作性	Interoperability	和其他指定系统进行交互的能力
依从性	Compliance	使软件遵循相关的法规、标准、约定、规定的软件属性
安全性	Security	防止对程序及数据的非授权故意/意外访问的能力
成熟性	Maturity	由软件故障引起的失效的频度
容错性	Fault Tolerance	在软件故障或违反指定接口时,维持规定的性能水平的能力
易恢复性	Recoverability	在失效发生后,重建其性能水平并恢复直接受影响数据的能力,及为达到此目的所需的时间和努力程度
易理解性	Learnability	用户为认识逻辑概念及其应用范围所需的努力程度
易学性	Learnability	用户为学习软件应用所需的努力程度
可操作性	Maneuverability	用户操作该软件系统的难易程度
可分析性	Analyzability	诊断缺陷或失效原因、判定待修改程序的难易程度
可修改性	Modifiability	修改、排错或适应环境变化的难易程度
稳定性	Stability	修改造成难以预料的后果的风险程度

续表

名称	英文名称	含义
可测试性	Testability	测试已修改软件的难易程度
适应性	Adaptability	软件无须采用特殊处理就能适应不同环境的程度
易安装性	Installability	在指定环境下安装软件的难易程度
一致性	Uniformity	软件服从于可移植性有关的标准或约定的程度
可替换性	Replaceability	软件在特定软件环境中用来替代指定的其他软件的可能性和难易程度

二级质量特性指标和一级质量特性指标的相互关系,并不是一种简单的隶属关系。表 10.4 描述了 3 个一级质量特性指标与二级质量特性指标的关系,可以发现一致性这个二级质量特性指标既包含在功能性中,也包含在可维护性中。因此,一级质量特性指标和二级质量特性指标之间确实存在一种层次关系,但这种层次关系并不是指下一层指标只能隶属于上一层指标中的某一个,而是存在多重隶属的关系,如图 10.17 所示。

表 10.4　一级质量特性指标与二级质量特性指标

一级指标	二级指标
功能性	适合性,准确性,互操作性,依从性,安全性,一致性
可靠性	成熟性,容错性,可恢复性
可维护性	可分析性,可修改性,稳定性,可测试性,一致性

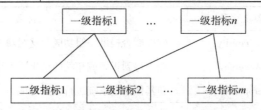

图 10.17　一级质量特性指标与二级质量特性指标之间的关系

10.3.2　软件质量管理模型

1. SSC 模型定义

了解了软件质量的概念后,接下来介绍软件质量评估的具体方法。软件质量依赖于软件内部的各个属性及其组合,为了对软件产品质量进行度量,必须对影响软件产品质量的各种因素进行度量,建立软件质量的度量模型。

我国采用的软件质量度量模型以及度量方法,是由上海软件中心颁布的,称为 SSC (Shanghai Software Center) 模型。SSC 模型是从用户的观点出发,从主体上度量评价软件的质量,确保度量软件质量特性的高标准。

SSC 模型是一个 3 层的层次模型,包含软件质量要素、评价准则和度量 3 个层次,如图 10.18 所示。

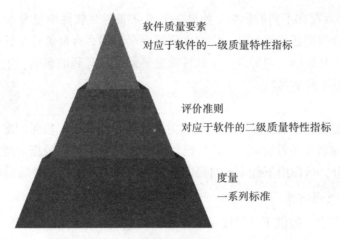

图 10.18 SSC 模型

(1) 质量要素

软件质量要素实际上就是软件的一级质量特性指标。理解软件质量要素概念，需要特别注意软件质量要素之间存在的一些互利或者不利的影响。也就是说，软件如果在满足某一种质量要素的同时，可能会对另外一种质量要素的满足产生相应的影响。表 10.5 给出了比较常用的 6 个软件质量要素之间相互有利或者不利的影响。

表 10.5 软件质量要素之间的相互影响

要素	功能性	可靠性	易用性	有效性	可维护性	可移植性
功能性		+			+	
可靠性	+			−	+	−
易用性				−	+	+
有效性		−	−		−	
可维护性	+	+	+	−		+
可移植性		−		+	+	

注：+代表互利的影响，−代表不利的影响

(2) 评价准则

评价准则是质量特性分解和转换的结果，是面向技术层面的，对应于质量特性的二级指标。SSC 模型当中，选用了 24 个评价准则，评价准则的若干组合将反映某一软件质量要素。可以看到评价准则和软件质量要素之间的关系，和前面质量特性的二级指标和一级指标的关系是一样的。因此，在 SSC 模型中，软件质量要素和评价准则之间也存在着以下 3 种关系。

1) 准则是要素的基本属性。也就是说，这个评价准则只属于这样一个软件质量要素而不属于其他的软件质量要素。

2) 准则对要素存在有利的影响。如果一个评价准则对某一个软件质量要素存在着有利的影响，而这个评价准则又隶属于多个软件质量要素，那么这些软件质量要素之间就存在有利的影响。

3）准则对要素存在不利的影响。如果一个评价准则对软件质量要素之间存在不利的影响，而这个评价准则还属于另外一个软件质量要素，那么有可能这个评价准则对这个软件质量要素存在不利影响，对另外一个软件质量要素存在有利的影响。于是，两个软件质量要素之间存在着不利的影响。

（3）度量

每一个度量是由若干的度量问题（也称为度量元）组成的。度量问题是对软件侧面的提问，如"变量命名是否符合规则""代码注释是否准确"等，根据对度量问题的回答可以反映度量的得分，从而由下往上、自底向上反映出评价准则与软件质量要素得分。

2. SSC 模型使用方法

在 SSC 模型当中，提供了 2 套度量工作表，共包括 8 张度量工作表。前 1~7 张是面向过程的，即专门用于软件开发过程当中，进行软件质量的评价；第 8 张是面向产品的，用来对已经开发好的软件的质量进行度量。

（1）步骤

使用 SSC 模型，通常可以分成以下 4 个步骤。

1）根据软件的开发状况，选择适当的软件质量度量工作表。

2）根据软件的应用领域，选择需要侧重评价的软件质量要素和评价准则。对于不同的软件，如教育软件、系统软件、网络软件等，软件质量要素、评价准则和度量的选择都应该有所不同。教育软件的安全性要求肯定不如网络软件的安全性要求高。

3）规定软件质量需求，也就是说要为特定的软件确定质量指标，说明软件达到什么样的水平才算符合相应的质量要求。

4）评价软件的质量，即根据选定的软件质量要素、评价准则等指标来评价软件相应的质量。

其中第 2）、3）两个步骤尤为重要。

（2）重点工作

根据软件的应用情况，正确选择评价指标并合理设定评价标准，是判断软件质量的先决条件。这里实际上包含以下 3 个工作。

1）选择软件质量要素。

2）决定属于每一个软件质量要素的评价准则及其权重。

3）决定度量及度量问题。

重点来看第一个工作，即选择软件质量要素。选择软件质量要素，除了要从应用领域出发，还需要考虑要素之间的相互影响。因为，上文提到要素之间是存在相互有利或者不利的影响的。通常情况下，在软件需求用户给出原始质量需求的时候，用户一般不知道软件质量要素之间可能存在不利影响。因此，很可能会要求所有的软件质量要素都达到比较高的标准。作为开发人员，首先需要分析用户给出的质量要求是否能够达到，如果不能，如何来协调各个指标之间的相互关系。

举例说明，假设一个软件初始质量设置的要求达到如表 10.6 所示的标准。

表 10.6　某软件初始质量要求

软件质量要素	功能性	可靠性	易用性	有效性	可维护性	可移植性
原始指标等级值	C	A	B	A	B	A

注：表中 A 表示该软件质量要素对该软件来说极其重要，B 表示该软件质量要素对该软件来说是重要的，C 表示该软件质量要素对该软件来说比较重要。0.9<A<1，0.8<B<0.9，0.6<C<0.8。

第一步，考虑要素之间有利的影响。最重要的是考虑功能性、可靠性、可维护性这 3 个基本软件质量要素对其他要素的影响。如果这 3 个基本软件质量要素设置的标准比较低，那么就会影响其他要素高标准的实现。如何来分析可靠性、功能性、可维护性这 3 个软件质量要素对其他要素之间的影响呢？

考虑要素之间有利的影响。功能性对可靠性有有利的影响，可靠性的原始指标的等级值为 A，而当前初始质量要求中功能性指标等级值为 C，因此必须提高功能性的指标等级值，否则可靠性的高指标是达不到的。另外，可维护性对可靠性也有有利影响，因此也应该提高可维护性的指标等级值。于是，初始质量要求应该修改成如表 10.7 所示的相应要求。

表 10.7　考虑要素之间有利影响后的软件质量要素指标

软件质量要素	功能性	可靠性	易用性	有效性	可维护性	可移植性
修改后的指标等级值	A*	A	B	A	A*	A

第二步，考虑要素之间不利的影响。从表 10.7 中可以看到功能性、可靠性、可维护性、可移植性的指标等级值当前都是 A。但是根据表 10.5，有效性和可靠性、可维护性和可移植性之间有严重的相互不利影响，所以很难使 4 个要素的指标等级值都达到 A，必须适当降低有效性的指标等级值，于是可以得到表 10.8（可以思考为什么不选择降低其他 3 个指标的等级值）。

表 10.8　考虑要素之间不利影响后的软件质量要素指标

软件质量要素	功能性	可靠性	易用性	有效性	可维护性	可移植性
修改后的指标等级值	A*	A	B	B**	A*	A

通过上面例子，可以总结出选择软件质量要素这个工作实际上包含 3 个步骤：确定原始的质量指标要求，考虑要素之间有利影响并协调指标等级，考虑要素之间不利影响并协调指标等级（可以思考第二步和第三步是否可以倒过来）。

在确定软件质量要素后，如何来选择评价准则以及度量？在 SCC 模型中的 8 张工作表，都是由一系列的度量元以及度量问题组成的。图 10.19 列出了一个简要的度量工作表，在这个度量工作表中包含一些准则，如完全性、一致性、可追踪性准则。而在每一个准则下面包含了若干度量问题。例如，在完全性准则中包含了 CP.1(1) ~ CP.1(8) 等度量元。

对于每个度量问题该如何评分呢？图 10.19 中有很多小的表格。第 1 张表格里面包含 1、0 和 N 3 个等级。其中 N 代表无法回答这个问题，1 代表这个问题的回答是完全正面的，而 0 是完全负面的。这张表格下面的另外一个形式的表格，左边这个 70 代表对当前问题的得分。再下面的一张表格包括 A、B、C、D、E、N 6 个等级，同样代表通过当前问题对软件等级进行评价。无论是哪一种形式的得分，最后都可以转换成统一的计分等级。然后，综合所有度量问题的得分，就可以得到度量元的得分。而综合所有度量元的得分，可以得到相应准则的得分，最后综合和所有准则的得分就可以得到软件质量要素的得分。

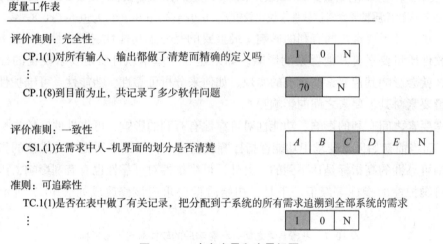

图 10.19　决定度量和度量问题

（3）综合分析

得到了软件质量要素的得分后，还需要综合分析软件质量要素的分数。因为一个大型的软件通常是由很多子系统组成的。而每个子系统都有不同的质量需求，因此所计算得到的软件质量要素的得分，可能是针对某些子系统而言的。如果考察整个软件的质量，则需要分析这些要素与哪些子系统相关。分析过程一般分成以下 3 步。

1）找出与该要素相关的子系统。
2）根据子系统的大小计算子系统的权重。
3）计算软件质量要素在每个子系统当中的加权和，这个值就是要素在系统当中最终的得分。

示例 10.2

某个学习管理系统由 A、B、C、D、E 5 个子系统组成，子系统的大小比例分别是 1：2：2：3：1。如果功能性只与 B、C、E 这 3 个子系统相关，并计算得到功能性，则在这 3 个子系统当中，得分分别是 0.96、0.93 和 0.88，那么功能性在整个系统当中的得分为

$$功能性要素得分 = 0.96 \times 2/5 + 0.93 \times 2/5 + 0.88 \times 1/5 = 0.93$$

最终计算得到的功能性得分就是整个系统的功能性的得分。

因此，根据 SSC 模型的结构以及使用方法，可以形成图 10.20，即 SSC 模型是一个自顶向下的分解模型，而在使用 SSC 模型时，是自底向上计算得到软件质量要素的得分的。

最后，在软件质量评价完毕后，如果发现某个要素得分不符合要求，则应当分析其不符合要求的原因。注意在分析原因的时候，应该自顶向下进行。首先在系统级进行分析，然后依次在子系统和模块级进行分析。

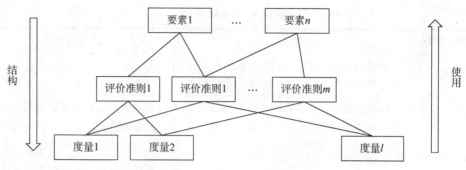

图 10.20　SSC 模型结构及使用方法

（4）现实应用

在现实工程应用中，软件质量评价相应的步骤有以下 3 步。

1）选择度量工作表，根据软件在开发过程中以及开发完毕以后生成的各种文档，查阅相应的内容，然后回答相应的问题。

2）通过回答问题的得分，最终计算各个软件质量要素相应的得分。

3）获得软件质量要素的得分以后，进一步地分析哪些子系统与哪些要素相关，然后得到整个软件，或者整个系统相应的质量得分。

10.3.3　软件过程能力成熟度模型

以上介绍的是软件质量的评价方法。可以发现，要进行软件质量评价，信息系统必须已经进入开发阶段或者开发完毕了，这时候作为软件的需求方实际上是处于一个比较被动的地位的。因为软件已经到了开发方手里，软件开发的好坏直接与开发方的能力相关，需求方实际上没有太多能力再左右软件的质量。因此，要考虑是否需要一些必要的预测手段，可以用来判断开发软件的企业和组织是否有能力提供一个高质量的软件。

软件产品能否按开发计划顺利完成，软件质量能否得到完全保证，在很大程度上取决于软件开发方能否严格执行软件工程的方法。评价软件开发方能否按照软件工程的方法开发软件，需要合适的能够评价企业软件开发能力的模型，这个模型称为软件过程能力成熟度模型，即 CMM（Capability Maturity Model For Software）模型。

CMM 模型是用于定义、实施、测量、控制和改进软件的一种阶段性描述。该模型能判定现有开发组织软件开发过程能力所处的级别，以及识别软件质量和过程改进等重要问题，从而为选择过程改进策略提供指南。

CMM 模型是一个描述性的模型，它将一个企业开发软件的能力分成 5 个等级，分别是初始级、可重复级、已定义级、定量管理级、优化级，如表 10.9 所示。每一个等级具有相应的特点和关键的过程域，如果一个企业在开发过程当中，体现出了相应的特点以及相应的过程，则可以将其对应为相应的过程能力等级。等级越高的企业，所开发出来的软件质量越高。所以，依靠 CMM 模型，可以挑选一些具有开发高质量软件能力的企业，从而保证所开发软件的质量。

表 10.9　CMM 模型

过程能力等级	特点	关键过程域
初始级	软件过程无秩序，过程几乎没有定义，成功取决于个人的努力，管理是反应式的	
可重复级	已建立基本的项目管理过程来跟踪成本、进度和功能特性，已制定必要的过程纪律，能重复以前应用项目取得的成功	要求管理、软件项目策划、软件项目跟踪和监督、软件子合同管理、软件质量保证、软件配置管理
已定义级	使用标准软件过程来开发和维护其软件	组织过程焦点、组织过程定义、培训大纲等
定量管理级	收集软件过程和产品质量的详细测量数据，对软件过程和产品有定量化的了解和控制	定量的过程管理、软件质量管理
优化级	能反馈先进的新思想、新技术，自觉促使软件过程层不断改进和优化	缺陷预防、技术变更管理、过程变更管理

本章小结

本章主要谈论的是信息系统的质量管理，介绍了质量管理的概念，其中最重要的是全面质量管理的概念。在全面质量管理阶段中，通过 PDCA 循环来实行全面质量管理。在 PDCA 循环当中，介绍了旧的 7 种工具和新的 7 种工具。然后介绍了信息系统的质量管理方法，特别是软件质量的评价方法。其中，主要介绍了 SSC 模型以及它的使用过程。最后，介绍了 CMM 模型，通过 CMM 模型可以来判断一个企业具有什么样的软件开发能力。

习　题

假设一个信息系统具有 5 个子系统，分别为 A、B、C、D、E，其代码行数比例分别为 3∶2∶1∶3∶2，并且该信息系统软件质量要素的功能性指标只和 B、C、E 3 个子系统相关。为了判断该信息系统的功能性是否达到设计要求，需要测量相关数值。功能性包含完备性、一致性和可追踪性 3 个指标。在 B、C、E 子系统中，3 个指标的加权值分别为 (0.3, 0.3, 0.4)，(0.2, 0.5, 0.3) 以及 (0.4, 0.4, 0.2)，而相应的得分都为 (0.7, 0.8, 0.9)。请问在该信息系统中，功能性要素得分是多少？

第 11 章 信息系统安全管理

本章谈论的是信息系统的安全管理。信息系统可以从多个不同的角度去理解和观察，本章从信息系统安全的角度来观察一个信息系统。

11.1 信息系统安全

从信息系统安全的角度可以认为，信息系统应该分成两个部分：实体以及信息。所谓实体，是指实施信息的搜集、传输、存储、加工处理、分发和利用的计算机及其外部设备，主要由计算机系统和通信系统组成。所谓信息，是指存储在计算机及其外部设备上的程序以及数据。很显然，信息系统的安全应该包括实体安全和信息安全。对照实体和信息的定义可知，信息系统的实体安全，是指计算机及其配套的相应的设备在安全环境当中进行运行以及存放。而信息安全则包括信息不被泄露和破坏，以及数据或者信息在授权范围内进行流动和相应的操作。实际上，信息系统的安全还应该包含第三个层面的安全，即系统安全。系统安全指的是当这个信息系统出现了安全问题以后，具有的相应调查依据和手段，以及提供的相应安全机制。所以，系统安全实际上是保证信息系统、实体安全和信息安全的相应的机制。

讨论信息系统安全的原因在于信息系统的脆弱性，即信息系统经常会受到安全威胁。这些安全威胁主要包括以下 3 个方面。

1）在信息系统的操作环节中，即信息的输入、输出以及处理的各个环节，信息会存在可能的泄露。信息系统中的一些软件代码在使用过程当中也可能会被篡改。此外，在数据库中，数据的存储也经常会受到一些安全的威胁。

2）在信息系统的硬件层面，信息系统的硬件设备以及通信线路，还有存储数据和软件的各种介质都有可能会受到一些安全威胁。

3）在外部环节层面，一些极端罕见的自然灾害、环境干扰也可能使信息系统遭到破坏。

正因为这些因素的存在，所以需要研究信息系统的安全管理。

11.2 信息系统安全机制

保障信息系统安全,可以从安全措施、安全策略以及安全机制3个方面入手,这里从安全机制出发来介绍保障信息系统安全的几种技术手段。

一个信息系统的安全机制应该包括数据加密机制、数字签名机制、访问控制机制、数据完整性机制、鉴别交换机制、路由选择机制、抗信息流分析机制、公证机制、环境安全机制、审查与控制机制。数据加密机制、数字签名机制、访问控制机制以及数据完整性机制属于保障数据安全的机制;鉴别交换机制、路由选择机制、抗信息流分析机制以及公证机制属于保障通信安全的机制;而环境安全机制和审查与控制机制属于保障信息系统运行安全的机制。下文介绍保障数据安全的机制,它们是其他安全机制的基础。

11.2.1 数据加密机制

数据加密机制是许多安全机制和安全服务的基础。通过数据的加密和解密,不仅能保证数据的安全存储和安全传输,而且可以实现身份鉴别、数据完整性和不可否认等安全操作,从而保证数据安全。

图11.1是一个数据加密机制示意。可以看到,在信息发送方,原始信息通过信息加密转变成加密信息,然后在不安全的介质当中进行传输。信息接收方从不安全的介质当中接收了加密信息后,通过信息解密将加密信息转换成原始信息。

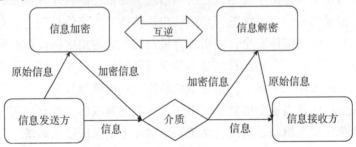

图11.1 数据加密机制示意

这里要特别注意,信息加密和解密,一定是一个互逆的过程,如果这个过程不互逆,那么所谈的一切都是没有意义的。

信息加密是指将伪装前的原始信息(也称明文 p)变成伪装后的加密信息(也称密文 c)的过程。用数学方法来表示,即 $E_k(p)=c$,这里 E_k 代表加密算法。在信息的接收方,需要通过信息解密将加密信息变成原始信息。所以信息解密就是将密文 c 转换成明文 p 的过程,用数学方法来表示,可以写成 $D_k(c)=p$,D_k 就是解密算法。在 E_k 和 D_k 中,k 指密钥。密钥是指控制加密算法和解密算法实现的一组关键信息,通常形式为一组数字、符号、图形或者任何形式的信号。信息加密和信息解密的互逆性质,用数学方法来描述,即为 $D_k[E_k(p)]=p$。

了解了信息加密的一些机制,下面来介绍一些常见的信息加密方法。

1. 单密钥体制的加密方法

单密钥体制的加密方法，也称对称密钥体制方法、常规密钥体制算法。它是指加密密钥和解密密钥是相同的或者本质是相同的。单密钥体制的加密方法，通常速度比较快，适用于加密传输中的信息。但是其也有相应的缺点，如通信双方在通信前必须通过一个安全信道事先交换密钥。现实情况下，这个条件一般不能满足。

最常见的单密钥体制分成两种，一种是代替密码，另一种是置换密码。

1) 所谓代替密码，是指将明文字母表当中的每一个字符替换为密文字母表当中相应的字符，对应的密文字符可能是一个，也可能是多个。信息接收者对密文进行逆向替换就可以得到明文。一些比较具有代表性的代替密码的编码方法包括：单表代替密码，最典型的就是 CARSAR 密码；多名码代替密码，即用多个密码替换一个明文；多音码代替密码，即多个明文由一个密文替换；综合多名码和多音码的多表替代密码，即所谓的维吉尼亚密码。上述 4 种密码都是古典密码。

2) 所谓置换密码，是指依据某种确定的算法，使明文当中的各个字符变位不变形，即不改变明文当中每个字符本身的形式，仅改变它在明文当中相应的位置。重新排列以后的信息，可以作为密文。最著名的置换密码，就是 DES 密码。DES 密码把输入的 64 位数据块（明文），按位重新组合，并把输出分为 L_0 和 R_0 两个部分，每部分的长度为 32 位。DES 密码的置换规则如图 11.2 所示。

L_0
58,50,42,34,26,18,10,2,60,52,44,36,28,20,12,4,

62,54,46,38,30,22,14,6,64,56,48,40,32,24,16,8

R_0
57,49,41,33,25,17,9,1,59,51,43,35,27,19,11,3,

61,53,45,37,29,21,13,5,63,55,47,39,31,23,15,7

图 11.2　DES 密码的置换规则

从图 11.2 中可以看到，L_0 中有相应的数字，58 代表原数据块排在第 58 位的数据，应该放到 L_0 的第 1 位，其他数字含义类似。按照 DES 算法，可以将明文按 64 位进行分组，密钥长度为 64 位，实际上应该是 56 位。其中第 8、16、24、…、64 位，即相应的校验位，分组后的明文组和 56 位的密钥按位替代或交换以后，能够形成密文组。

2. 双密钥体制的加密方法

双密钥体制的加密方法，又称非对称密钥体制加密方法，或者公开密钥体制加密方法。双密钥体制当中，加密和解密使用的是不同的密钥，每个用户保存的是一对密钥。加密密钥，称为公开密钥 P_k。而解密密钥，称为秘密密钥 S_k。由于加密密钥和解密密钥是不同的，并分别保存，因此在求 P_k 时不能导出 S_k。最著名的双密钥体制的加密方法就是 RSA 算法。

RSA 算法的具体描述如下。

1) 任意选取两个不同的大素数 m 和 q 计算乘积，$n = m \times q$，$\varphi(n) = (m-1) \times (q-1)$。

2) 任意选取一个大整数 e，满足 e 与 $\varphi(n)$ 互质，整数 e 用作加密钥（注意：e 的选取是很容易的，所有大于 m 和 q 的素数都可用）。

3) 确定解密钥 d，满足 $(d \times e) \bmod \varphi(n) = 1$，所以，若知道 e 和 $\varphi(n)$，则很容易计

算出 d（其中 mod 代表取余运算）。

4）公开整数 n 和 e，秘密保存 d。

5）将明文 p（$p < n$ 是一个整数）加密成密文 c，加密算法为 $c = p^e \bmod n$。

6）将密文 c 解密为明文 p，解密算法为 $p = c^d \bmod n$。

可以发现，只根据 n 和 e（注意：不是 m 和 q）要计算出 d 是不可能的。因此，任何人都可对明文进行加密，但只有授权用户（知道 d）才可对密文解密。

11.2.2 数字签名机制

数字签名是指只有信息的发送者才能产生的别人无法伪造的一段数字串，这段数字串同时也是对信息的发送者发送信息真实性的一个有效证明。它是一种类似写在纸上的普通的物理签名，但是在使用了公钥加密技术的领域来实现的，用于鉴别数字信息的方法。一套数字签名通常定义两种互补的运算，一个用于签名，另一个用于验证。数字签名是非对称密钥加密技术与数字摘要技术的应用。

图 11.3 显示了数字签名的过程。可以看到在信息发送方通过一个哈希算法（指某种人为设定的算法）对原始信息进行处理，提取出一段新的摘要信息。这种技术称为数字摘要技术。然后，信息发送方将原始信息和摘要信息进行加密，在不安全的介质中发送。信息接收方在接收了这段加密信息以后，通过解密可以得到原始信息及摘要信息，然后通过哈希算法对原始信息提取新的摘要信息。对提取出来的这段新的摘要信息和接收到的摘要信息进行比对。如果这两段摘要信息比对一致，则说明这个数字签名是一致的。所以，数字签名的作用就是保证信息传输的完整性，可以实现信息发送者的身份认证，防止在交易过程当中的一些抵赖行为的发生。在数字签名机制当中，数据加密也是一种最为基本的操作。

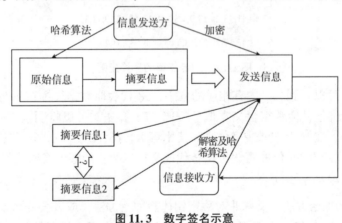

图 11.3 数字签名示意

11.2.3 访问控制机制

所谓访问控制，是指对资源的访问加以限制的策略，规定不同的主体与不同的客体之间对应的操作权限。访问控制一般分成以下 4 个等级。

1. 自主访问控制

自主访问控制是指由客体的主体对自己的客体进行管理，由主体决定是否将自己的客体访问权或部分访问权授予其他主体，这种控制方式是自主的。也就是说，在自主访问控制下，用户可以按自己的意愿，有选择地与其他用户共享他的文件。

2. 强制访问控制

强制访问控制指一种由操作系统约束的访问控制，目标是限制主体或发起者访问或对对象以及目标执行某种操作的能力。在实践中，主体通常是一个进程或线程，对象可能是文件、目录、TCP/UDP 端口、共享内存段、I/O 设备等。主体和对象各自具有一组安全属性。每当主体尝试访问对象时，都会由操作系统内核强制施行授权规则——检查安全属性并决定是否可进行访问。任何主体对任何对象的任何操作都将根据一组授权规则（也称策略）进行测试，决定操作是否允许。在数据库管理系统中也存在访问控制机制，因而也可以应用强制访问控制。

3. 有限型访问控制

有限型访问控制是对用户和资源做进一步的区分，只有经过授权的用户才可以访问特定的系统资源。

4. 共享/独占型访问控制

共享/独占型访问控制系统资源分成"共享型"和"独占型"两种类型，所有用户可以使用共享型资源，但只有资源所有者才可以使用独占型资源。

11.2.4 数据完整性机制

数据完整性是防止非法实体对交换数据的修改、插入、替换和删除，或者如果当交换数据被修改、插入、替换和删除时可以被检测出来。数据完整性验证是一种验证收到的数据是否与原来数据之间保持完全一致的证明手段。数据的完整性验证可以用来抗击主动攻击、篡改等行为。

数据完整性机制的常用方法是数据校验，即在发送信息的时候，在数据单元采用指定的算法计算出一个校验值，接收方用同样的算法计算一次校验值，如果两次计算得到的检验值相同，则说明数据是完整的。由于校验值本身也是要经过加密的，因此密钥的分发、密钥空间的大小、加密算法的选取直接影响数据完整性验证的性能和安全性。

数据校验有很多种方法，如奇偶校验、CRC 校验（Cyclic Redundancy Check）、MD5 校验等。

奇偶校验是指在数据存储和传输中，字节中额外增加一个比特位，用来检验错误，校验位可以通过数据位异或计算出来。CRC 校验是利用除法及余数的原理来进行错误检测的，它是将接收到的码组进行除法运算，如果能除尽，则说明传输无误；如果未除尽，则表明传输出现差错，CRC 校验还具有自动纠错能力。MD5 校验是指通过对接收的传输数据执行散列运算来检查数据的正确性。

11.3 可信计算机等级评估[①]

计算机系统是一个庞大的系统，既有硬件又有软件，还受来自内部和外部许多因素的影响。此外，由于人们所处的角度不同，对计算机系统安全评价的结论肯定各不一样。因

[①] 本节内容基本引用自：肖明. 信息资源管理 [M]. 2 版. 北京：电子工业出版社，2010.

此，必须有一个比较规范、统一的安全评价标准（或者准则）。

20世纪80年代以来，计算机系统的安全评估等级问题引起了许多国家和众多标准化组织的注意，并提出安全评估方面的许多标准和草案。例如，德国在1989年出版了《安全准则（ZS IEC）》；英国颁发了一个称为《绿皮书》的手册，用于开发信息技术安全产品；法国也出版了《安全准则（SCS SD）》，称为《蓝-白-红》书。1983年，美国国防部国家计算机安全中心（简称DoDCSC）发表了著名的《可信计算机系统评价准则（TCSEC）》。1985年，DoDCSC对TCSEC文本进行了修订，推出了《DoD可信计算机系统评估准则》。1987年，又推出了《可信网络解释（TNI）》，它是TCSEC在网络环境下的原则解释。1990年，又对TNI进行了修改。1991年，美国制定了《可信数据库管理系统解释（TDI）》。它是对TCSEC的补充。1991年，西欧四国（英、法、德、荷）提出了《信息技术安全评价准则（ITSEC）》并于1992年提出欧洲《信息技术安全评估手册（ITSEM）》，ITSEC首次提出了信息安全的保密性、完整性、可用性概念，把可信计算机的概念提高到可信信息技术的高度上进行认识，它定义了从E0级（不满足品质）到E6级（形式化验证）的7个安全等级和10种安全功能。

我国也采用了相应的国际标准。1999年10月19日，由公安部主制定、国家质量技术监督局发布的中华人民共和国国家标准GB/T 17859—1999《计算机信息系统安全保护等级划分准则》正式颁布，并于2001年1月1日起实施。该准则将信息系统分为5个等级，即用户自主保护级、系统审计保护级、安全标记保护级、结构化保护级和访问验证保护级。其主要的安全考核指标有身份认证、自主访问控制、数据完整性、审计等，这些指标涵盖了不同级别的安全要求。

目前来看，美国国防部国家计算机安全中心发表的TCSEC的影响力最大。所谓可信计算机系统，是指采取软、硬件措施来同时处理敏感或机密信息的计算机系统，系统设计人员将安全性（可信性）作为该系统的主要设计目标。

按可靠程度划分，TCSEC将计算机系统的安全性分成A、B、C、D 4个等级，共27条评估准则，从最低的等级D开始直到最高的等级A。该安全等级的结构具有层次性，下层的系统必须满足上层的要求。随着安全等级的提高，系统的可信度也随之提高，风险逐渐降低。

D级是最低的安全保护等级，即非保护级。拥有这个级别的操作系统就像一个门户大开的房子，任何人可以自由进出，是完全不可信的。对于硬件来说，没有任何保护措施，系统容易受到损害，没有系统访问限制和数据访问限制，任何人不需要任何账户就可以进入系统，不受任何限制就可以访问他人的数据文件。这一级别只包含一个类别，它是那些已被评价但不能满足较高级别要求的系统，属于这个级别的操作系统有DOS等。

C级又称自主保护或者任意保护级，该等级的安全特点在于系统的对象（如文件、目录）可由其主体（如系统管理员、用户、应用程序）自定义访问权。例如，系统管理员可以决定某个文件仅允许一个特定用户读取、另一用户写入。C级又可进一步细分为C1级和C2级。

C1级又称选择性安全保护级或任意安全保护级。这种级别的系统对硬件有某种程度的保护，但硬件受损害的可能性仍然存在。用户拥有注册账号和口令，系统通过账号和口令来识别用户是否合法，并决定用户对程序和信息拥有什么样的访问权。这种访问权是指对文件和目标的访问权，文件的拥有者和超级用户（Root）可以改动文件的访问属性，从而对不同的用户给予不同的访问权。例如，让文件拥有者有读、写和执行的权限，给同组用户读取和执行的权限，而给其他用户只读的权限。另外，许多日常的管理工作由超级用户来完成，如创建新的组和新的用户。超级用户拥有很大的权限，所以它的口令一定要保存好，不要让多人共享。C1级保护的不同之处在于用户可以直接访问操纵系统的根用户。C1级不能控制进入系统的用户的访问级别，所以用户可以将系统中的数据任意移走。他们可以控制系统配置，比系统管理允许的权限更高，如改变和控制用户名。

C2级又称受控存取保护级，还包含访问控制环境。该环境具有进一步限制用户执行某些命令或访问某些文件的权限，而且还加入了身份认证级别。另外，系统对发生的事件（如什么时候开机、哪个用户在什么时候从哪儿登录等）加以审计，并写入日志当中，这样，通过查看日志就可以发现入侵的痕迹。审计可以记录系统管理员执行的活动，并兼有身份验证功能，这样就可以知道谁在执行这些命令。使用附加身份认证可以让一个C2级的系统用户在不是超级用户的情况下执行系统管理任务，授权分级使系统管理员能够给用户分组，授予他们访问某些程序的权限或访问分级目录。与此同时，用户权限可以以个人为单位，授权用户对某些程序进行访问，如果其他程序和数据也在同一目录下，那么用户也将自动得到访问这些信息的权限。能够达到C2级的常见操作系统有UNIX，Novell Netware等。

B级又称强制式保护级，该等级的安全特点在于由系统强制的安全保护，每个系统对象（如文件、目录等资源）及主体（如系统管理员，用户、应用程序）都有自己的安全标签。系统依据用户的安全等级来赋予其对各对象的访问权限。B级中有3个子级别：B1级、B2级和B3级。

B1级又称标记安全保护级，是支持多级安全的第一个级别。这个级别说明，一个处于强制性访问控制下的对象，系统不允许拥有者改变其许可权限。政府机构和防御系统承包商是B1级计算机系统的主要拥有者。

B2级又称结构保护级，要求对计算机系统中的所有对象都加标签，而且给设备分配单个或多个安全级别。这是提出较高安全级别的对象与另一个较低安全级别的对象通信的第一个级别。

B3级又称安全区域保护级，使用安装硬件的方式来加强安全区域保护。例如，内存管理硬件，用于保护安全区域免于无授权访问或其他安全区域对象的修改。该级别要求用户通过一条可信任途径连接到系统上。

A级又称验证保护级。A级是当前的最高级别，包括了一个完整的设计、控制和验证过程，与前面提到的各个级别一样，这一级别包含了较低级别的所有特性。设计必须是从数学角度上经过验证的，而且必须通过秘密通道和可信任分布的分析。所谓可信任分布，是指硬件和软件在物理传输过程中已经受到保护，以防止破坏安全系统。A级又可进一步细分为A1级和超A1级两个等级。

A1级又称验证设计级，其主要特点是要求用形式化设计说明和验证方法对系统进行分析。Honeywell公司的Scomp系统被确定为A1级。

超A1级超出了目前的技术发展，有些安全要求很难提出，仅是一些设想，但它为今后的研究工作提供了指导。

以上级别中，B1级和B2级的级差最大，只有B2、B3和A级才是真正的安全等级，经得起程度不同的严格测试和攻击。目前，中国普遍应用的计算机操作系统都是从国外引进的 C1 级、C2 级产品。因此，开发中国自己的高级别安全操作系统和数据库系统迫在眉睫。对计算机操作系统的评价，不仅对于评价和监督已经运行的计算机系统具有指导意义，而且对于研究、设计、制造和使用计算机系统，确保其安全性具有十分重要的意义。

本章小结

本章主要介绍了信息系统安全管理，介绍了信息系统安全的概念，并重点讲解了信息系统安全机制以及具体方法。最后介绍了可信计算机等级评估的相关内容。

习 题

根据 RSA 算法进行计算。选取 $m = 3$，$q = 5$，试计算 d 和 c 分别是多少？假定明文是 13，则密文应该是多少？

第 12 章 网站信息系统资源管理

12.1 网站的基本概念及分类

网站可以看作一个特殊的信息系统，和一般的信息系统既有联系又有区别。网站是指在因特网上，根据一定的规则，使用超文本标记语言即 HTML 等工具制作的用于展示特定内容的相关网页的集合。这是最直观的关于网站的理解。实际上，一个网站除了网页以外，还包括提供网站信息存储和管理的信息系统，以及运行这个信息系统的服务器。

网站有较长的发展历史，图 12.1 显示了网站发展历史，从最早的美国军用的 ARPA 网开始，到现在大家都离不开的移动互联网，网站经历了波澜壮阔的发展历程。

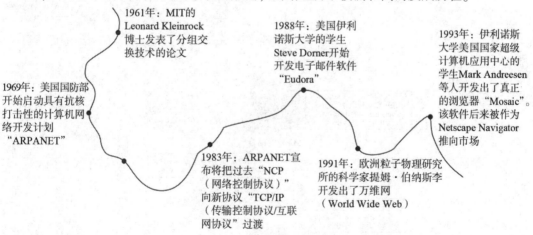

图 12.1 网站发展历史

网站可以按照不同的方式进行分类，具体可以分为以下 3 类。
1) 按域名分类：顶级网站、一级网站、二级网站等。
2) 按用途分类：门户网站、行业网站、娱乐网站等。
3) 按功能分类：具有单一功能的企业网站以及具有多功能的网站，如网络商城等。

下面主要介绍前两种分类方式。

12.1.1 按域名分类网站

将网站按照域名分类,首先要了解什么是域名。域名是指在因特网上的一台计算机或者计算机组的名称。域名可以用于在数据传输时标识计算机的电子方位,而这个电子方位实际上就是计算机的 IP(Internet Protocol)地址。IP 地址是指互联网协议地址,是根据 IP 提供的一种统一的地址格式。它为互联网上的每一个网络和每一台主机分配一个逻辑地址,以此来屏蔽物理地址的差异。IP 是指 TCP/IP 当中网络层的协议。IP 地址理论上应该是一串数字,因此很不直观,而且用户记忆起来十分不方便,于是人们又发明了另一套字符型的地址方案,即域名地址。

IP 地址和域名地址是一一对应的,域名地址的信息存放在域名服务器(Domain Name Server, DNS)内,使用者只需了解易记的域名地址,其对应的转换工作就留给域名服务器。DNS 可以进行域名解析,即可以直接将域名转换成 IP 地址。域名解析是由 DNS 系统提供的一项互联网服务。它是将域名和 IP 地址相互映射的一个分布式数据库,能够更方便地访问互联网,如图 12.2 所示。

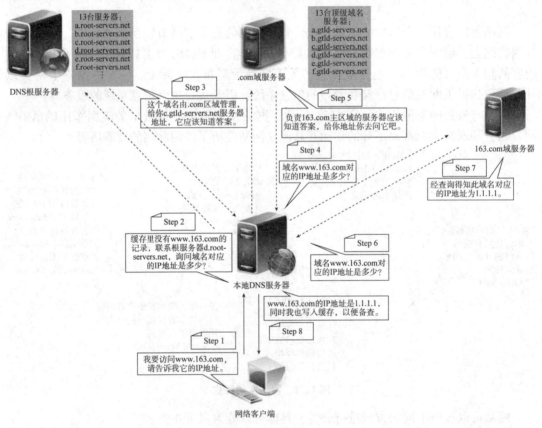

图 12.2 域名解析

了解了域名的概念后,接下来介绍域名的构成。域名由一系列字符串以及分割点组成。每一个字符串的长度不能超过 63,字符不区分大小写,如图 12.3 所示。域名中最后一个分割点的右侧就是顶级域名,而倒数第二个分割点的右侧是二级域名,倒数第三个分割点的右侧是三级域名,所以每一个分割点实际上对应了各级别域名的分割。

www.shmtu.edu.cn

三级域名　二级域名 顶级域名

图 12.3　域名构成

根据顶级域名可以对网站进行分类。顶级域名包括国家顶级域名以及通用顶级域名。国家顶级域名一般指国家代码顶级域名。国家代码顶级域名指示国家区域（如 .cn 代表中国，.us 代表美国，.fr 代表法国等）。通用顶级域名指示注册者的域名使用领域，不带有国家特性，包括 .com、.net、.org、.edu 等。其中 .com 是一些企业公司所创建的网站，.net 是一些机构所创建的网站，.org 是一些组织所创建的网站，而 .edu 是教育机构所创建的网站。国家代码顶级域名由各个国家的互联网络信息中心（Network Information Center，NIC）管理，通用顶级域名则由位于美国的全球域名最高管理机构——互联网名称与数字地址分配机构（简称 ICANN）负责管理。

12.1.2　按用途分类网站

按照用途分类，可以把现有的网站大体划分成 4 类：门户网站，电子商务网站，休闲娱乐类网站以及企业网站。

1. 门户网站

门户网站是指提供某类综合性互联网信息资源并提供有关信息服务的应用系统。

> **小知识**
>
> 综合性门户网站主要是通过广告投放来实现盈利的。广告的收费方式有很多种，包括 CPM、CPC、CPA、CPR、CPP、PFP、CPL、CPS 等。
>
> 1）CPM（Cost Per Mille），是指以广告图形被下载 1 000 次为基准的广告收费方式，目前 CPM 被称为网上广告收费最科学的方法。
>
> 2）CPC（Cost Per Click），即每点击一次就进行计费。这样的方法加上点击率限制，可以加强作弊的难度，而且是宣传广告站点的最优方法。
>
> 3）CPA（Cost Per Action），是指按回应的有效问卷或订单来计费，而不限广告投放量。
>
> 4）CPR（Cost Per Response），即以浏览者的每一个回应计费。
>
> 5）CPP（Cost Per Purchase），即要求发生目标消费者的"点击"，甚至进一步形成购买，才予付费。
>
> 6）PFP（Pay-For-Performance），是指基于业绩的广告模式。
>
> 7）CPL（Cost Per Leads），即以搜集潜在客户名单的多少来收费。
>
> 8）CPS（Cost Per Sales），即以实际销售产品的数量来换算广告金额。

除了提供综合类信息的门户网站，一些搜索引擎网站，也可以被认为是门户网站。大家所熟知的百度、有道、360 搜索，就是这种类型的门户网站。搜索引擎网站可以提供各类型的搜索服务，以推广广告的方式来进行盈利。推广广告有两种方法，早期广告推广方式主要是通过手工注册。在当时如果想推广一个网站，必须向门户网站提交申请并进行注册，然后人们通过门户网站可以找到该网站。这种方式门户网站会有很大的话语权，但是推广效率比较低。目前主要的一些推广方式是依靠广告链接和搜索排名。

搜索排名会影响推广的效率，可以通过图 12.4 进行说明。先来解释一下这张图的内容和含义。从图中能够看到其背景底纹是一个搜索页面，在这个搜索页面上有很多的"×"。"×"聚集得越多的地方，颜色就越鲜艳。而"×"聚集得越少的地方，颜色就越冷淡、越灰暗。这个实际上是一个网站搜索结果的调查。在这个调查当中，发现60%~65%的查询点击的是那些名列搜索结果前 10 的网页，而有 20%~25%的查询属于第 11~20 名的网页，仅有 3%~4%的查询是点击了第 21~30 名的网页。所以绝大多数用户是不愿意去查看搜索引擎给出的排名比较靠后的网页的。正因为这样，一个网站如果在搜索引擎当中被搜索并且排到前面的位置，则它被点击、查看的概率就越高。

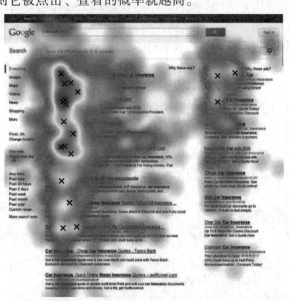

图 12.4　搜索结果热图

2. 电子商务网站

电子商务网站是为企业或者个人提供网上交易的平台。在电子商务网站当中，提供了各类型的商品以及交易所需要的环境。网站主要通过商家入驻收取服务费或者交易平台的流水进行盈利。著名的电子商务网站包括京东、天猫、淘宝、阿里巴巴等。电子商务网站通常情况下可以分成以下 4 类。

1）B2B，即企业间的电子商务网站，阿里巴巴就是 B2B 网站。

2）B2C，即企业与消费者之间的电子商务网站，京东、天猫就是 B2C 网站。

3）C2C，即消费者之间的电子商务网站，淘宝就是典型的一个 C2C 网站。

4）B2G，即企业与政府之间的电子商务网站，中国政府采购网或者上海市政府采购网就属于这样一个 B2G 网站。

3. 娱乐休闲类网站

娱乐休闲类网站可以提供各类型的娱乐休闲服务。网站主要是通过用户注册，购买相关的服务来进行收费的。

4. 企业网站

小米、华为、中国移动、国家电网，都具备相应的企业网站。企业网站的作用有以下 4 个方面。

1）树立企业形象，提高企业的知名度，进而增强企业的竞争力。一个公司的网站做得很好，常常会给人留下很好的印象。

2）弥补传统商业宣传的不足。

3）提高企业产品被采购的概率。

4）可以将企业的资源进行信息化。

12.2 网站项目管理

网站可以看作一个特殊的信息系统。网站项目管理就是对网站项目的所有方面进行计划、组织、管理和监控，是为了达到项目实施后的预期成果和目标采取的一系列的持续性工作。

网站项目管理分成 3 个阶段：网站规划、网站实施、网站更新。

12.2.1 网站规划

网站规划主要是指在网站建设之前对市场进行分析，确定网站的目的和功能，并根据需要对网站建设中的技术、内容、费用等进行相应的规划。网站规划需要完成以下 3 件事情。

1）制定网站的发展战略，即确定网站要提供什么样的内容和服务。在制定网站的发展战略的时候，需要明确以下两点：①网站的类型定位是什么，也就是说，这个网站需要提供什么样的服务；浏览者的定位是什么，即网站要吸引什么样的用户。②网站的特色是什么，即用什么样的表现形式来组织网站。例如，对于信息提供类网站（百度百科等）来说，页面整体应该采用冷色调，页面尽可能设置超链接，并将信息分类以不同栏目组织；电子商务网站（淘宝，京东等），应使用明快的颜色，并在页面展示丰富的商品，将搜索栏的位置放在突出的位置。

2）制定网站的总体方案，即提出网站的总体结构设计方案。

3）制订网站建设的资源分配计划，即提出开发计划所需要的硬件、软件、技术人员、资金等资源，以及整个网站建设的概算，并进行可行性分析。在可行性分析时，需要分析创建这个网站所面临的一些风险，并设置相应的策略。

SWOT 分析方法是常用的风险分析方法，如图 12.5 所示。它是基于内、外部竞争环境和竞争条件下的态势分析，是将与研究对象密切相关的各种主要内部优势（Strength）和劣势（Weakness）、外部机会（Opportunity）和威胁（Threat），通过调查列举出来，并依照矩阵形式排列，然后用系统分析的思想，把各种因素相互匹配起来加以分析。可以制定 SWOT 策略，即根据分析结果，选择针对性的不同策略，如重点考虑内部优势和外部机会的 SO 策略，重点考虑内部劣势和外部威胁的 WT 策略等。

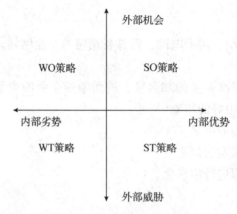

图 12.5　SWOT 分析图

 示例 12.1

大学生就业的 SWOT 分析。

大学生就业的优势（Strengths）：

1）大学生具有坚实的基础知识，知识面较宽且全面，又有较精深的专业知识和广博的社会知识；

2）大学生年纪轻，思维活跃，富有激情和创造力，具有积极进取的精神面貌，有激情、有抱负，敢想敢做；

3）大学生在面对工作挑战和挫折时，不畏困难，不言放弃，敢于面对竞争，敢于追求成功；

4）大学生思维活跃，思想新潮，富于创造性，乐于接受新鲜事物，自学能力强，能给企业注入新的生机与活力。

大学生就业的劣势（Weaknesses）：

1）大学生在校学的知识偏重理论方面，实践能力差，动手能力不强；

2）知识更新换代的速度是很快的，在校的考核标准对真正需要的则没有触及；

3）不科学的择业观，即缺乏对现实社会的理解，对工作寄予很高的期望，目标不切实际。

大学生就业的机会（Opportunities）：

1）经济的高速发展，对人才的需求定然增加；

2）大学生和企业用人单位具有一定的自主权；

3）大学生就业有更多的选择，在创业方面有更大的空间；

4）政府的政策对大学生进行支持。

大学生的就业威胁（Threats）：

1）目前就业竞争十分激烈，严峻的就业形势给毕业生就业带来很大的压力；

2）部分研究生向下挤占大学毕业生的岗位；

3）就业单位过分看重工作经验。

12.2.2 网站实施

网站实施指实现具体的网站。网站建设的主要技术包括置标语言技术、Web 编程技术、服务器系统技术、网站安全技术等。

1. 置标语言技术

网页都是使用置标语言来实现的。置标语言，也称为标记语言，是一种将文本以及与文本相关的其他信息结合起来，展现出文本的文档结构以及数据处理细节的电脑文字编码，与文本相关的其他信息会和原来的文本结合在一起。

SGML（标准通用标记语言）是一类最通用的置标语言，是进行数据描述、数据模型、数据交换的标准。它可以用来描述结构，提供将数据内容与显示分离开的数据表示方法。

SGML 通常包括两个部分：SGML 声明以及 SGML 示例。SGML 声明是用于说明 SGML 某类文档中所使用的一般性的具体细节，包含说明 DTD 和文件实例所使用的语法。DTD（文档类型定义）规定标记某一类文档的规则，并定义该类文档相应的文档结构。每一个特定的 DTD 定义一类文档，人们习惯上把具有某一类特定 DTD 的 SGML 称为某种标识语言。SGML 示例是文件实际想要表达的信息，由文件数据内容和描述结构的置标所组成。

图 12.6 所示为一个 SGML 编写的文档实例。可以看到，左上角部分的是 SGML 声明，左下角部分的是 SGML 示例。SGML 声明当中包括 DTD，即文档类型定义，以及所使用的一些语法规则、标志的说明。文档的类型是 note，并定义了一些相应的标识，如 to、from、heading、body 等。在 SGML 示例当中，利用了声明当中所给出的一些标志来组成文档。可以看出，文档内容应该是从 John 给 George 的一个消息，目的是提醒 George 不要忘记开会。

图 12.6 右侧部分也是一个 SGML 文档，或者说是一个 HTML 例子。HTML 是 SGML 的派生，是 SGML 固定 DTD 所实现的一个置标语言。HTML 是专门用来创建 Web 页和 Web 信息发布的第一个通用语言，提供了跨平台的文档共享。HTML 运用非常广泛，但也有它相应的缺陷。首先，HTML 的扩展性比较差，因为它不允许用户自己设定文件标签和属性。其次，它不支持数据库和面向对象的层次的深层结构规范，同时也不支持检查输入数据的合法性的一些语言规范。

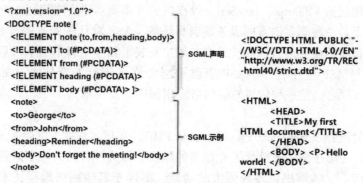

图 12.6 SGML 编写的文档实例

为了解决这些问题，SGML 延伸出了另外一种置标语言，即 XML（可扩展标记语言）。XML 是 SGML 的一个子集。它保留了 80% 的 SGML 的功能，但是复杂性也降低了 20%。XML 有 DTD，因此，可以像 SGML 那样作为元语言来定义其他文件系统。

总结 XML 与 HTML 的区别。XML 是被设计为传输和存储数据的，它的焦点是数据的内容，而 HTML 是专门用来设计显示数据的，它的焦点是数据的外观。但 XML 不是 HTML 的代替，它是对 HTML 的补充。XML 相比于 HTML 的优势在于 XML 有自己的 DTD，可以根据需要自行定义新的标志和属性名。同时，XML 描述具有结构性，文档结构的嵌套可以任意复杂。此外，应用程序不用外部定义概念就可以来检查 XML 文档结构的正确性和有效性。最后，XML 可以生成各种不同类型的元数据，如导航图、内容评价、流途径等。

2. Web 编程技术

网络编程一般都采用脚本语言作为编程语言。脚本语言具有与传统编程语言相似的语法结构和风格，只是为了方便网络应用程序设计的需要，对传统编程语言进行了简化。目前流行的脚本编程语言包括以下 5 种。

（1）Perl

文字分析报告语言（Practical Extraction And Report Language，Perl）是编写 CGI（公共网关接口）程序最受欢迎的编程语言之一。它具有强大的字符串处理能力，特别适用于分割处理客户端提交的数据串，而且可以与 ColdFusion 等多种流行的 Web 数据库处理软件相结合，编写出功能强大的 Web 数据库程序。因此，如果使用 Perl 来开发 CGI 程序，则既可以做到跨平台，又能方便地处理和使用各种数据库。此外，Perl 是一种由解释器直接解释执行的脚本语言，它不同于使用 C 语言或 Visual Basic（简称 VB）等需要预编译以后才能够执行。

（2）JavaScript

JavaScript 可以被嵌入到 HTML 文件中。通过 JavaScript 可以做到回应使用者的需求事件（如表单的输入）而不用通过网络来回传输资料。所以当用户输入某项资料时，它不用经过传给服务器端（Server）处理再传回来的过程，而直接可以被客户端（Client）的应用程序所处理。

（3）ASP

动态服务器页面（Active Server Pages，ASP）是由微软公司推出的一种网络编程技术。准确地说，ASP 不能算是一种编程语言，因为 ASP 没有提供自己的专门编程语言，而是允许用户使用包括 VBScript，JavaScript 等在内的许多脚本语言来编写 ASP 应用程序。因此，ASP 实际上是一种脚本语言的服务端编写环境。ASP 默认的脚本语言是 VBScript，但用户可以根据自己的需要进行选择。只有在用户安装了相应的脚本引擎以后，才可以使用脚本语言来编写 ASP 应用程序。ASP 吸收了当今许多流行的新技术（如 IIS，ActiveX，VBScript，ODBC 等），是一种较成熟的网络应用程序开发技术。

（4）PHP

超文本预处理器（Hypertext Preprocessor，PHP）在很大程度上综合了 Perl，Java 以及 C 语言的精华，在语法架构上继承了 C 语言的风格。作为一种新的脚本语言，PHP 在确保易学易用的基础上，能够提供各种强大的功能。不同于其他网络编程技术，PHP 像 Perl 一样，是一种自由软件。人们可以不断地为 PHP 增加新功能，使 PHP "永远"走在同类技术的前端。PHP 的主要特性包括：①支持 Microsoft SQL Server，MySQL，Solid，Sybase，ODBC，Oracle 等多种数据库。②支持 IMAP，POP 3，SNMP，HTTP 以及 LDAP 等众多通信协议（Protocol）；③图用 PHP 编写的 Web 后台 CGI 程序可以很容易地移植到不同平台上；④它具有一般编程语言所拥有的数学运算、时间处理、档案系统、字串处理、行程处理等功能，在加入其他模组以后，PHP 还可以支持英文拼写检查、高精确度计算、PDF 格式、图形处理、编码与解码、压缩文档处理、XML 解析等多种功能。

（5）JSP

JSP 的全称是 Java Server Pages，它是由 SUN Microsystems 公司主导、多家公司参与建立的一种动态网页技术标准。在传统的 HTML 网页文件中加入 Java 程序片段和 JSP 标记（Tag），就构成了 JSP 网页，Web 服务器在遇到访问 JSP 网页的请求时，首先执行其中的程序片段，然后将执行结果以 HTML 格式返回给客户端。程序片段可以操作数据库、重新定向网页、发送 E-mail 等，这些都是建立动态网站所需要的功能。

3. 服务器系统技术

有关服务器系统的最新技术有很多，主要包括群集技术、智能输入/输出技术、多处理器通信和协调技术、单键灾难恢复性术、Intel 服务器控制技术等。

（1）群集技术

群集技术是服务器的重要技术之一。群集技术可以在物理上连接并紧密集成多台服务器，这些被集成的服务器不仅能独立完成自身的特定任务，当其中某台服务器或应用程序发生意外故障时，群集中的另一台或其他所有服务器会在继续进行自己分内工作的同时，接过发生故障的服务器的所有任务，维持系统的正常工作。可见，群集技术不仅可以为服务器开辟一条在企业级商业应用中实现高可用性、高可靠性、高整体性和高可管理性的有效途径，也同样为中、小企业采用低端 PC 服务器组建中、小型网络后达到高可用性、高可靠性、高整体性和高可管理性提供可靠的保证。

（2）智能输入/输出技术

智能输入/输出（Input/Output，I/O）技术采用了一种新的体系结构，可把作业分配给智能 I/O 系统。在这些子系统中，专用的 I/O 处理器将负责中断处理和缓冲以及数据传输等烦琐任务，从而提高系统的吞吐能力，解放服务器的主处理器，使它能腾出空间来管理更重要的任务。这样，使用智能 I/O 技术的服务器，即使硬件规模不变，也能处理更多的任务，所以是为服务器提高数据吞吐能力所创建的一种新方案。

（3）多处理器通信和协调技术

企业级服务器大都为多处理器结构，这样，多处理器之间的通信与协调就显得十分重要。采用多处理器通信和协调技术后，服务器可将 4 个以上的处理器群分为多个处理器组，每个处理器组都配有一个高速缓存一致性系统，通过对缓存映射结构的一致性检验，从而保证在计算过程中每组处理器中内置的高速缓存信息和内存中相应信息的一致性。

（4）单键灾难恢复技术

单键灾难恢复（One Button Disaster Resuming，OBDR）技术是指具有单键灾难恢复功能的服务器系统技术，该功能可使过去需要专业人员通常几天才能完成的工作（如安装操作系统、数据库软件及应用软件等），现在只需按一个键并打开服务器电源便可顺利完成。

（5）Intel 服务器控制技术

Intel 服务器控制（Intel Server Control，ISC）技术是一种网络监控技术，只适用于使用 Intel 的带有集成管理功能主板的服务器。采用这种技术后，用户在一台普通客户机上，就可以监测网络上所有使用 Intel 主机的服务器，监控和判断服务器是否"健康"，一旦服务器机箱中的风扇、内存、处理器、系统信息、温度、电压或第三方硬件中的任何一项出现错误,系统就会报警提示在客户机上工作的管理人员。

4. 网站安全技术

网站安全的关键技术主要包括防火墙技术、数据加密技术以及 VPN 技术。其中数据加密技术在信息系统安全管理中已经介绍过,这里介绍防火墙技术以及 VPN 技术。

(1) 防火墙技术

防火墙技术是一种由计算机硬件和软件构成的组合,是在互联网与内部网络之间建立一个安全网关,从而使内部网络免受非法用户的入侵。

防火墙有两大类,即标准防火墙和双宿主机网关。标准防火墙系统包括一个 UNIX 工作站,该工作站的两端各接一个路由器进行缓冲,其中一个路由器的接口是公用网,另一个则连接内部网。标准防火墙使用专门的软件,并要求较高的管理水平,而且在信息传输上有一定的延迟。双宿主机网关是标准防火墙的扩充,又称堡垒主机或应用层网关,尽管它是单个系统,但能够同时完成标准防火墙的所有功能,其优点是可以确保数据包不能直接从外部网络到达内部网络,反之亦然。

(2) VPN 技术

虚拟专用网络(Virtual Private Network,VPN)技术是使分布在不同地方的不可信任的公共网络上实现安全通信的网络技术。

VPN 技术的核心是采用隧道技术,将企业专网的数据加密封装后,透过虚拟的公网隧道进行传输,从而防止敏感数据被窃。VPN 可以在互联网、服务提供商的 IP、帧中或 ATM 网上建立。企业通过公网建立 VPN,就如同通过自己的专用网建立内部网一样,享有较高的安全性、优先性、可靠性和可管理性,而其建立周期、投入资金和维护费用却大大降低,同时还为移动计算提供了可能。

12.2.3 网站更新

网站更新一般是指对原有网站的信息更新,如新闻的增减、产品的增减等。如果原有网站有格局上的变动,则称为网站改版。

网站更新的意义主要体现在以下 2 个方面。

1. 从用户体验的角度看

网站更新有利于增加新鲜感,吸引用户。如果一个网站能长期坚持更新内容,用户就会觉得有新鲜感,用户能在网站里找到有趣的、有价值的内容,对他们来说这个网站很有帮助,久而久之,用户会越来越多,品牌宣传的效果也就达到了。

2. 从搜索引擎的角度看

网站坚持更新,有利于帮助收录。网站内容更新需要日积月累的坚持,并且是更新高质量的网站文案,能帮助网站内容第一时间被各大搜索引擎收录。当一个网站长期坚持有规律的原创内容更新,搜索引擎会判断这个网站的内容质量很高,从而给予最大的权重。

网站更新需要根据用户的需求提供内容。在网络技术发达的今天,网站内容应该根据随时变化的客户需求而进行调整。客户的需求在变,就必须从网站内容中进行更新和调整。因为电子商务的发展,越来越多的客户选择在网络上寻求满足自己需求的商品,谁能及时根据市场需求有针对性地更新网站内容,谁就能把握市场,领先对手。

本章小结

本章简述了网站的发展历史及分类。然后介绍了网站建设的两个阶段，网站规划和网站实施，以及在这两个阶段中所需要利用到的各种技术。

习 题

1. 说明 SGML 的构成。
2. 简述 HTML、XML 与 SGML 的关系。
3. 简述网站建设过程。

参 考 文 献

[1] 王国胤，刘群，于洪，等. 大数据挖掘及应用 [M]. 北京：清华大学出版社，2017.
[2] 周苏，王文. 大数据导论 [M]. 北京：清华大学出版社，2018.
[3] （美）戴维. R，安德森，丹尼斯. J，斯威尼，托马斯. A，威廉斯，等. 数据、模型与决策 [M]. 侯文华，译. 北京：机械工业出版社，2015.
[4] 刘满凤. 数据、模型与决策——基于 Excel 的应用与求解 [M]. 北京：清华大学出版社，2015
[5] 肖明. 信息资源管理 [M]. 2 版. 北京：电子工业出版社，2010.
[6] 陈为，沈则潜. 数据可视化 [M]. 北京：电子工业出版社，2013.
[7] （加）韩家炜，Micheline Kamber. 数据挖掘——概念与技术 [M]. 范明，孟小峰，译. 北京：机械工业出版社，2001.
[8] 肯尼斯. C，劳顿，简. P，劳顿. 管理信息系统 [M]. 黄丽华，俞东慧，译. 北京：机械工业出版社，2017.
[9] 马费成，赖茂生. 信息资源管理 [M]. 北京：高等教育出版社，2006.
[10] 张凯. 信息资源管理 [M]. 北京：清华大学出版社，2007.
[11] 周志华. 机器学习 [M]. 北京：清华大学出版社，2016.
[12] 马费成. 信息管理学基础 [M]. 武汉：武汉大学出版社，2002.
[13] 黄如花. 信息检索 [M]. 武汉：武汉大学出版社，2010.
[14] 姜丹. 信息论与编码 [M]. 合肥：中国科学技术大学出版社，2009.
[15] 沈昌祥. 信息安全 [M]. 杭州：浙江大学出版社，2007.
[16] 张海藩. 软件工程导论 [M]. 北京：清华大学出版社，2008.
[17] 邝孔武，王晓敏. 信息系统分析与设计 [M]. 北京：清华大学出版社，2006.
[18] 简祯富，许嘉裕. 大数据分析与数据挖掘 [M]. 北京：清华大学出版社，2016.
[19] 吕之华. 精通 D3. js：交互式数据可视化高级编程 [M]. 北京：电子工业出版社，2015.